Tous mes bien-cuits

Et autres *fioritures* de bureau

Luc A. Granger

Tous mes bien-cuits

Et autres *fioritures* de bureau

© 2018 Luc A. Granger (Éditions du Ch'min Hemming)

Edition : BoD - Books on Demand
12/14 rond-point des Champs Elysées
75008 Paris

Imprimé par BoD – Books on Demand, Norderstedt
ISBN : 9 782322 138388
Dépôt légal : Février 2017 (Septembre 2018 pour la présente réédition)

Je dédie ce recueil à tous et toutes les collègues de travail que j'ai côtoyés et appréciés tout au long de mes trente années (...et un mois) de carrière à l'Agence du revenu du Canada, au Centre fiscal de Shawinigan (-Sud).

TABLE DES MATIÈRES

Avant-propos de l'auteur	page 9
Un peu d'histoire	page 11
L'HOMO «*ADRCIS FONCTIONNARIS***»**	page 13
LA DISPARITION DES GRANDS SAURIENS	page 15

TOUS MES BIEN-CUITS...

Alarie, Robert	page 17
Arseneau, Jocelyn	page 18
Barsalou, Denis	page 19
Beaudoin, Alain	page 22
Bégin, Denis	page 24
Bergeron, Gilles	page 26
Bergeron, Sylvie; Dionne, Diane; Hould, Suzy	page 31
Bertrand, Marcel	page 32
Bonenfant, Gertrude	page 34
Bonin, Michel	page 36
Brouillette, René	page 41
Buisson, Lyne	page 43
Côté, Réjean	page 46
Delisle, Alain	page 48
Desgagné, Jean Pierre	page 49
Doucet, Dominique	page 50
Gélinas, Guy	page 54
Gentès, Pierre	page 56
Giguère, Michel	page 64
Hardy, Carole	page 66
Houle, Jacques	page 68
MacDonald, John	page 69
Marcouiller, Guy	page 73
Martineau, Daniel	page 79
Mills, Robert	page 81
Morand, Thérèse	page 82
Paquet, Gérald	page 84
Payette, André	page 87
Poitras, Gilles	page 89
Proulx, Lucie	page 91
Rochette, Claude	page 93
Tougas, Marcel	page 100
Turcotte, Aurélien	page 101
Vivier, Édith	page 104

...ET AUTRES *fioritures* DE BUREAU

Pour l'amour de la fonction publique	page 105
Hymne national du CFSH	page 106
Ne m'oublie jamais!	page 107
Des générations fiscales	page 109

FISCALIA – Un voyage à travers le temps

1. Pot-pourri des directeurs

Marcel Ricard	page 115
Marcel LeBlond	page 115
Ginette Grenier-Lord	page 116
Gérald Paquet	page 117
Paul-Émile Moreau	page 118
Marc Blanchard	page 119
René Lapierre	page 119
Monique Leclair	page 120
Denis Gélinas	page 121
Jacynthe Tremblay	page 122
Jackie Chauvette	page 123

2. Pot-pourri des personnages

Marcel Bertrand	page 124
John A. MacDonald	page 125
Céline Cantin	page 126
Yvon Gervais	page 127
Lyne Lecours	page 128
Les robots-courrier	page 129
Ils sont partis... nos collègues décédés	page 130

Spectacle du 20ᵉ anniversaire du CFSH	page 131
3. Tous les blues	pages 132-156
Lettre du directeur à ses...	
...arrière-petits-enfants	page 157
Chronique-santé	page 163
Chroniques linguistiques (4)	pages 166-170
Félicitations pour votre beau programme!	page 171
Chroniques Stats-Can (7)	pages 173-179

DANS LE TIROIR DU BAS DE MON BUREAU

Deux tours et puis s'en vont...	page 180

Avant-propos de l'auteur

C'est le 24 novembre 1980, que j'ai fait mes premiers pas d'employé dans cet immense immeuble bleu-vert (ou vert-bleu?) qu'est le Centre fiscal de Shawinigan-Sud. J'avais 28 ans. Je venais de vivre un peu moins de deux années dans un petit bureau de comptables trifluvien où j'avais trouvé des compagnons de travail super-gentils mais éprouvé de l'ennui pour le travail qu'on me donnait à faire, quand on m'en donnait à faire. Et quand on ne me donnait rien à faire, c'était encore plus ennuyant, et frustrant.

Ce nouveau défi au sein de cette nouvelle organisation qu'était alors Revenu Canada, qui commençait par une bonne augmentation de salaire, était pour moi une bénédiction, surtout après avoir erré misérablement pendant plus de 10 ans d'un travail temporaire minable à un autre. Celui-là, c'était du sérieux et je comptais bien m'investir et ne pas rater mon entrée. De plus, j'étais à l'aube de fonder une famille...

J'y suis resté 30 ans et un mois au Centre fiscal de Shawinigan; j'y ai fait une carrière plus qu'intéressante sous certains aspects, et obtenu, assez rapidement quand même, un poste de gestion, moi qui ne m'en croyais pas capable! Le secret? La confiance qu'on a mise en moi qui m'a donné confiance en mes capacités et, fort de cet état d'esprit, quand une occasion se présentait, je criais : je suis là!

J'ai fait mes premiers pas en «redressant» des déclarations de revenus, ce qui voulait dire, à l'époque, réviser les déclarations en fonction de la validité des demandes des contribuables. Un peu plus tard, on dira clients : mais, personne n'a été dupe, c'était les mêmes personnes. Après, j'ai révisé des déclarations de façon plus formelle, soit dans le processus d'appel mis à la disposition des contribu... pardon, des clients.

C'est là que j'ai eu la première chance de connaître mieux non seulement l'organisation à laquelle j'appartenais, mais aussi une foule de gens, employés exécutants, chefs d'équipe, gestionnaires, dirigeants, et ce grâce à l'accès privilégié que me donnait mon travail au personnel des autres secteurs du Centre fiscal. Ma nomination en 1990 à la tête de la Gestion des documents fut elle aussi très enrichissante sur ces deux aspects.

Puis un concours de circonstances m'a permis d'orienter ma carrière dans un tout autre domaine que l'impôt, la communication : journal interne, notes de service, documents informatifs, documents de formation, formation en classe, organisation de réunions, animation, et puis...

...Puisque j'avais quelque talent d'écriture, on – Jean Gravel et Luc Doyon – m'a demandé de rédiger des éloges, avec une touche humoristique, ce que d'aucuns appellent des bien-cuits. C'est ce que vous trouverez dans la première partie de ce bouquin; il y en a plus d'une trentaine. Ils voulaient souligner avec respect mais aussi avec quelque drôlerie, quelques faits saillants de la carrière d'employés qui prenaient leur retraite et quelques aspects sérieux ou moins sérieux, réels ou exagérés, de leur personnalité.

Une autre facette intéressante de ma carrière aura été de composer, sur des airs connus, des chansons anniversaires de l'organisation et, même, une comédie musicale, **Fiscalia**, qui retrace les grands et petits événements du Centre fiscal de Shawinigan en mettant l'accent sur les personnes qui les ont faits ou qui les ont vécus. Une partie de cette fantaisie a été interprétée dans le cadre des activités du 20e anniversaire du Centre fiscal. Cela, et beaucoup d'inédits, vous les retrouverez dans ces pages.

Je tiens à dire, avant que vous commenciez votre lecture, tout le respect, l'admiration, l'amitié même, que j'ai eus pour toutes les personnes citées ou non qui, malgré quelques défauts et quelques travers certes – mais qui n'en a pas? – ont habité et fait avancer cette organisation, mon organisation!

Alors, si vous tombez sur quelques indélicatesses, si vous découvrez, ici et là, quelques impolitesses, si vous identifiez quelques irrévérences, si vous décelez quelques discourtoisies, croyez bien que c'est à mon corps défendant que je les y ai glissées... Enfin, pas tout à fait; un bien-cuit serait-il un bien-cuit s'il n'était pas un peu pimenté?

Mais surtout, ne soyez pas plus offusqués que ne l'ont été les victimes de ces textes! J'implore ces dernières de me pardonner de faire revivre ces moments qui ont égayé la compagnie venue fêter leur départ à la retraite. Ne sont-ils pas plus coupables que moi d'avoir ri?

Qui a dit : «*Quand on ne vaut pas une risée, on ne vaut rien!*» Je suis bien heureux que mes victimes aient appliqué à la lettre cette maxime : certains de mes mots auraient bien pu engendrer des maux douloureux pour moi!

Bonne lecture! Luc A. Granger

Un peu d'histoire...

En février 1976, l'honorable président du Trésor canadien, Jean Chrétien, fait l'annonce de la décentralisation dans certaines régions du Canada du seul centre fiscal existant à l'époque, celui d'Ottawa. C'est la croissance rapide de la population qui justifiait cette décision.

Le Centre fiscal de Shawinigan (Shawinigan-Sud, avant la fusion municipale), dont le mandat est d'exécuter les opérations variées reliées à l'impôt, a été construit de 1977 à 1978.

Voici d'autres dates importantes :

Janvier 1977 – Implantation de certaines activités fiscales dans une école de Shawinigan, l'école St-Bernard

Novembre 1978 – Les employés s'installent au Centre fiscal même

8 avril 1979 – Inauguration officielle du Centre fiscal de Shawinigan; l'âge moyen des employés : 24 ans; en 1999 : 42 ans; en 2004 : 51 ans

24 novembre 1980 – L'auteur du présent livre commence sa carrière à Revenu-Canada au Centre fiscal de Shawinigan

18 décembre 1987 – Deux chariots robotisés livrent le courrier interne

Avril 1991 – Le Centre fiscal inaugure un entrepôt pour stocker ses fournitures, ses formulaires et son matériel

1992 – Le Rôle, ou Service des dossiers, est relocalisé dans une nouvelle bâtisse

Printemps 1992 – Un peu moins de dix mille clients de Montréal, Laval et Montérégie/Rive-Sud produisent leurs déclarations via la TED, la transmission électronique nouvellement mise en place. C'est le début de la décroissance du nombre de déclarations de revenus produites sur papier

Juin 1992 – Le journal interne *le Trait d'union* voit le jour; il remplace *L'Expression* qui avait cessé de paraître deux ans auparavant

Octobre 1992 – La garderie en milieu de travail *La Bottine souriante* voit le jour; elle est construite tout à côté du Centre fiscal

Printemps 1993 – Le Centre fiscal compte 1899 employés; ce nombre dépassera les 2000 quelques années plus tard, pour diminuer ensuite, d'année en année, en raison du traitement croissant des déclarations sur divers formats électroniques

Février 1997 – Développement des ressources humaines Canada s'installe dans des locaux du Centre fiscal

1998 – Le Centre fiscal traite des clients du Québec, de l'Ontario et du Nunavut

Novembre 1999 – Douanes et Accises s'unissent à Revenu pour créer l'**Agence des douanes et du revenu du Canada (ADRC)**, union qui se terminera quelques cinq années plus tard

2002 – Introduction de la technologie des codes à barres bidimensionnels

Décembre 2009 – Près de 80% des déclarations de revenus sont reçues sous forme électronique

Décembre 2010 – Après 30 ans et un mois de carrière, l'auteur prend sa retraite et entreprend une carrière d'écriture : poésie, composition de chansons originales, paroles et musique

2014 – Transfert des activités du Service des dossiers vers le privé

2016 – Annonce d'un changement de vocation du Centre fiscal de Shawinigan : il deviendra un centre de recouvrement et de vérification. Ce qui reste des activités fiscales saisonnières sont réparties dans d'autres centres fiscaux

1er avril 2016 – Un oiseau inquiétant, **phénix**, plane au-dessus de Revenu Canada...

On peut ajouter à tout cela que la vie au travail au Centre fiscal était agrémentée d'une grande variété d'activités culturelles, sportives, sociales et, même, familiales; que le personnel était engagé dans maintes causes caritatives; que le Centre fiscal était un grand village dont le personnel, fortement bilingue, ne craignait, malgré tous les changements survenus au fil du temps, qu'une seule chose : que le toit lui tombe sur la tête... Ce qui, d'ailleurs, faillit arriver en 1987!

L'HOMO *ADRCIS FONCTIONNARIS* :

Bientôt la marchette, pardon, bientôt la retraite !

(Texte paru dans le journal régional *Connexion*, automne 2003)

Collaboration spéciale :
Professor Lucovski Grangereski
Université de Luiyconnaîtçaski, Varsovie

L'âge moyen du fonctionnaire de l'Agence des douanes et du revenu du Canada (ADRC)* au Québec est de 45 ans. Il présente des signes caractéristiques liés à son âge et à son «ancienneté». Vous, vous reconnaissez-vous dans le portrait suivant de l'*homo adrcis fonctionnaris*?

L'*homo adrcis fonctionnaris* est un radoteur. Il a fait une longue carrière de fonctionnaire et, lorsqu'il en rappelle les moments forts, son auditoire a l'impression d'entendre le capitaine Bonhomme tant les anecdotes sont rocambolesques, farfelues et incroyables. Ses collègues les plus jeunes ont beau l'informer qu'il raconte ses (pseudos) souvenirs pour la ixième fois, cela ne l'empêchera pas de les rappeler plus tard, dès qu'une occasion se présentera, pour une «i-grec-ième» fois!

À mon époque, se vante l'*homo adrcis fonctionnaris axefiscalis*, les calculs de rajustements d'impôt se faisaient à la mitaine, les lettres aux clients aussi. Les téléphones comportaient une roulette chiffrée et il fallait tourner un à un les chiffres du numéro avec l'index. L'ordinateur était un terminal doté d'un écran vert jade relié à un superordinateur central, situé à Ottawa, aussi grand qu'un édifice de dix étages. Le papier qui sortait de l'imprimante était une mince feuille d'argent sur laquelle on pouvait lire, avant qu'ils ne s'effacent quinze minutes plus tard, comme dans l'émission d'espionnage Mission impossible, le nom, l'adresse et le numéro d'assurance sociale d'un seul contribuable et quelques rares infos sur trois années d'imposition de ce contribuable. C'est tout! Quand on voulait en savoir plus, on devait faire venir un TAPMA d'Ottawa, document que l'on recevait par la poste interne au mieux trois semaines plus tard! Curieusement, ce sont maintenant des problèmes de PLASMA et de CALCULS aux reins qui affligent l'*homo adrcis fonctionnaris axefiscalis*!

Quant à lui, l'*homo adrcis fonctionnaris axedouanis* se souvient du temps où la réussite des fouilles douanières était proportionnelle à la force des bras et à la qualité du pif du douanier, ce dernier outil ayant été remplacé avec le temps par des scanneurs aux rayons X performants ainsi que par des chiens renifleurs. Il se rappelle aussi avec grande nostalgie l'époque bénie où toutes les télévisions canadiennes présentaient les images de nos vacanciers québécois de la construction faisant une queue de dix milles de long (car avant les kilomètres, c'était les milles, plus longs que les premiers!) à la frontière pour se rendre à Old Orchard, Cape Cod et autres plages de la côte est des États-Unis et refaisant «masochistement» une queue de même longueur pour revenir au Québec deux semaines plus tard! Non seulement le douanier devenait-il alors une vedette de la télé, il était aussi roi et maître de la frontière : c'est lui et lui seul qui décidait, selon son flair et son humeur qui des voyageurs méritaient une fouille en règle, d'un pare-chocs à l'autre. Aujourd'hui, ses humeurs, l'*homo adrcis fonctionnaris axedouanis* les fait plutôt examiner régulièrement par son médecin, car elles commencent à l'inquiéter!

La jeune génération, la relève peut être rassurée : dans quelques années tout au plus, l'*homo adrcis fonctionnaris* aura pris la retraite dont il lui parle si, trop, souvent... Ces jeunes à qui l'on aura imposé un long périple avant de pouvoir traverser la frontière et obtenir les postes de qualité qu'ils revendiquent s'en réjouiront sûrement... sans trop le montrer évidemment.

*Douanes et Accises se sont jointes à l'Agence du Revenu du Canada en novembre 1999 pour former, pendant quelque 5 années, l'Agence des douanes et du revenu du Canada (l'ADRC). Par suite de la «dé-fusion», on ne parlera plus alors que de l'Agence du revenu du Canada (l'ARC).

LA DISPARITION DES GRANDS SAURIENS
(Décembre 2001)

Collaboration spéciale :
Professor Lucovski Grangereski
Université de Luiyconnaîtçaski, Varsovie

Est-ce la conjoncture des astres, le réchauffement de la planète, le défrichement sauvage des grandes forêts, ou est-ce tout à fait normal, à tous les dix mille ans environ, qu'une organisation doive changer d'équipe de direction? Toujours est-il que la communauté scientifique annonce avec certitude, et pour bientôt, une vague de disparition des dinosaures du Centre fiscal de Shawinigan-Sud. D'ici cinq ans tout au plus, plusieurs espèces auront été rayées des effectifs de l'organisation!

Elle peut déjà vous annoncer que, dès janvier 2002, un des sauriens les plus connus et estimés, le *Carolehardyoptérix*, un herbivore doux et sociable, ne sera plus qu'un vague souvenir. Heureusement qu'il nous en restera des photos et des peintures!

Suivra, de peu, le départ du *Denisbarsalousaurus Rex*, un des plus grands reptiles que le Centre fiscal eut abrités. Des spécimens, plus jeunes et mieux armés pour la survie auront-ils eu finalement raison de lui?

L'extinction des deux espèces décrites ci-haut devrait normalement paver la voie : déjà, les paléontologues se pourlèchent les babines à l'idée d'étudier les ossements rarissimes des *Andrépayettosaure*, *Géraldpaquetosaure*, *Turcotteaurélien* et *Denisbégindocus*!

Les scientifiques se perdent en conjectures sur les raisons de la disparition prochaines de ces dinosaures; ils ne peuvent surtout pas expliquer comment un écosystème de dimension aussi réduite que celui du Centre fiscal a pu, pendant autant de millénaires, abriter et nourrir autant d'espèces gigantesques et concurrentes!

Note pour l'imprimeur : prière de ne pas changer le «s» de saurien pour un «v».

PRÉCISIONS DE L'AUTEUR

Sauf pour les six (6) personnes mentionnées ci-après,
les textes du prochain chapitre

«TOUS MES BIEN-CUITS»

ont été composés pour des employés et des employées
du Centre fiscal de Shawinigan
qui prenaient leur retraite.

➢ Les carrières de...

(1) Jocelyn Arseneau,

(2) Sylvie Bergeron, (3) Diane Dionne, (4) Suzy Hould
et
(5) Daniel Martineau,

se sont déplacées soit à l'intérieur de l'organisation
soit à l'extérieur de celle-ci.

➢ Le bien-cuit de...

(6) Pierre Gentès

se voulait un hommage à son dévouement
et à celui de tous les membres actifs
de **Direction 2000**,
un groupe de placement dont faisait partie l'auteur;
dans ce groupe, l'investissement se payait
1 : en argent, bien sûr
2 : et en énorme plaisir, lors des rencontres annuelles.

TOUS MES BIEN-CUITS

Robert Alarie (Janvier 2009)

Robert Alarie... attendez voir... j'ai connu un Robert Alarie en novembre 1980... Un chic type! Avec beaucoup, beaucoup de belles qualités...

Coléreux... pardon, soupe au lait

Entêté... pardon, tenace

Généreux de sa personne et de son temps : Robert fut un aide technique apprécié, aussi sa participation aux Réveill'dons, etc.

Sportif : c'est le meilleur enfonceur de blocs de béton de «dughouse» de balle-donnée avec les poings que je connaisse...

Bon golfeur, du moins impressionnant «driver»...

Bon «curleur», il en fera les beaux jours de sa retraite hivernale...

Amateur de bon vin, avant qu'il commence à faire son propre vin, bien sûr!

Et d'une grande patience : Robert, tu m'as enduré trois semaines en formation lors de mon entrée au CFSH puis plusieurs mois de suite comme aide technique pendant mon temps d'apprentissage...

C'est grâce à toi (et à Sylvie Morency) si je suis parvenu là où je suis présentement (ou : c'est de ta faute si je n'ai pas été plus loin... Les deux se peuvent!)

Robert, tu es un gars qui aime la vie et qui l'apprécie à sa juste valeur... Voilà ta plus grande qualité et voilà pourquoi, immanquablement, tu seras heureux tout le temps que durera ta nouvelle carrière que je te souhaite longue et fructueuse...

Je vous souhaite beaucoup de bonheur, à Jocelyne et à toi!

Bonne retraite «**Bob Allaire**» suivi de «**Luc Grégaire**»!*

*C'est ainsi qu'un annonceur de balle-donnée, qui avait de la difficulté à déchiffrer l'écriture de notre capitaine, nous appelait au bâton, Robert et moi.

Jocelyn Arseneau (Novembre 1996)

Quitter ses parents, ses amis par centaines
S'éloigner des Îles-de-la-Madeleine
De ses morues, ses flétans, ses baleines
Tout jeunot, imberbe, dans la vingtaine
Avec, en poche, qu'un cinq cennes
Aller là où le destin le mène
C'est la région Trifluvienne
Qui, finalement, n'aura pas eu de veine!

À Saint-Bernard, un jour, il s'amène
La surprise du jury fut soudaine
D'entendre, dans un patois indigène
Des mots se bousculant par dizaines
Qu'il dit tirés du guide de la contribuable canadienne
Mais voulait-il vraiment qu'on le comprenne?
Tant et si bien le Jocelyn se démène
Qu'à la fin, il a bien fallu qu'on le prenne!

Oui, Jocelyn est parti depuis quelques semaines
Il a opté pour Drummondville et sa plaine
Qui ne se rappellera des fêtes de la quinzaine?
Qui ne se réjouira de la «kitten-garden»?
De cent autres choses, faudra qu'on se souvienne!
Mais n'en jetons plus, la cour est pleine
Car du jubilaire, déjà, on voit la gêne!

Certains voudraient que Jocelyn revienne
Vous voyez le genre : QI sous la moyenne...
Voici ce que je réponds à ces «vinyennes»
«Il nous a assez fait suer, l'énergumène
Il n'est pas question qu'on le reprenne!
Il est parti... On n'en parle plus... Amen!
Jocelyn, lève ta bière, voici la mienne
Merci! Salut! Bonne chance! À la tienne!

Denis Barsalou (Janvier 2002)

Ce soir, pour la plupart ici, c'est la «fête au zoo»
Pas pour toi Denis, qui t'attends à ce qu'on te loue
Non, pour toi, ça ressemblera à Waterloo!
Et moi, je jouerai le rôle du gros méchant loup
Un rôle que, d'habitude, c'est toi qui joues
On m'a mandé qu'en haut de la croix je te cloue
«Dis-lui ses quatre vérités, nous autres on est trop mous»
Non mais, ça prends-tu une gang de pissous!

Avouez qu'il était temps que Denis Barsalou
Prenne sa retraite et paraisse devant nous
Oui, admettons-le, nous étions rendus à bout!
Denis, nous n'en pouvions plus, mais là plus du tout
D'attendre ce moment rêvé entre tous où
De toi-même tu quitterais ton emploi, ou
Que l'employeur, dans un geste oh! combien doux!
Te forcerait à rentrer à jamais chez vous

Ton acharnement à rester nous rendait fous
Ton insistance nous mettait sens dessus dessous
Combien de prières avons-nous faites à genoux!
Combien, à la quête, avons-nous donné de sous!
Que de fois avons-nous prié, jusqu'au dieu Vishnu?
Mais rien, de ton entêtement, ne venait à bout!
Et, quelquefois, pour cacher notre dégoût
Nous préférions boire et rester fin saouls

Denis, jeune, vivait dans une maison de bambou
Les Platters ne chantaient pas encore «Only you»
Maple Leaf n'avait pas lancé ses chips BBQ
Sur les tablettes, on ne trouvait pas de Mountain Dew

Et on ne se promenait pas encore en ski-doo
Bref, fouiller le passé de Denis Barsalou
Relève de l'archéologie ; lui-même s'avoue
Contemporain du diplodocus à long cou!

Denis s'exprime bien, mais avec un arrière-goût
De pitbull têtu et de rusé renard roux :
S'il a une bonne idée, qui ne tient pas debout
À la défendre, il se fait un devoir jaloux
Et à forcer les autres à l'adopter itou
Quand, de la direction, il était le gourou
Qu'il détenait alors, du bâton, le gros bout
Pour le contredire, ce qu'il fallait être casse-cou!

C'est connu, Denis est un dinosaure avant tout
Mais, étrangement, du genre passe-partout
Souvent, il a changé de postes, coup sur coup
Chef de ceci en mai, boss de cela en août
Aujourd'hui «Bonjour chef!», le lendemain «Tourlou!»
Il nous piquait notre avancement comme un filou!
Ah! Les derniers cinq ans! Comme on fut marabouts
Nous qui t'envoyions, avec LeBlond, à Tombouctou

Mais finissons-en de le traîner dans la boue
Et cessons enfin de lui lancer des cailloux
Denis s'en va : buvons donc plutôt un grand coup!
Et faisons au moins semblant d'être triste beaucoup
Faisons-lui accroire qu'il est «tiguidou»
Et qu'il est et sera toujours notre chouchou
Qu'il parte tout content et qu'il croit, surtout
Qu'il laisse derrière lui, un grand, un immense trou

Malheureusement pour toi Denis, regarde partout
Tu t'en vas et il semble que tout le monde s'en fout
Vois-tu quelqu'un qui pleure dans le bout?

C'est ça la vie : chef, tu étais Grand Manitou
Sur ton ordre, on se mettait au garde à vous!
On se comportait comme des petits minous
Retraité, tu n'es plus pour tous, qu'un rien du tout!
J'en vois même qui se retiennent de te crier «chou!»

Certains, – Monique?* – disent que tu n'es qu'un gros toutou
Incapable de faire du mal même à un pou
Voilà enfin une qualité; cela me donne le goût
D'arrêter immédiatement mon bien cuit, mon ragoût
Qui s'étire trop en longueur, comme du caoutchouc
Allez, tout le monde, s'il vous plaît, levez-vous!
Imaginons un instant qu'on est tous des Fred Caillou
Et, comme Fred, crions-lui notre douleur à Barsalou :

«YA BA DA BA DOU!»

Bonne retraite, Denis Barsalou!

***Monique Bergeron, sa fidèle secrétaire**

 **Des milliers de «likes» pour...**

...Tous mes collègues qui, au fil du temps, ont participé aux divers comités : le *Comité social* pour l'organisation des loisirs, les comités formés pour promouvoir l'équité en matière d'emploi, et tous les autres comités créés pour assurer le mieux-être, l'avancement, le confort et la sécurité du personnel du Centre fiscal de Shawinigan.

Alain Beaudoin (Septembre 2013)

Voici venue l'heure de la retraite pour notre ami Alain Beaudoin
Il est là, arborant son plus bel habit, un toxedo, style pingouin
Non, de son histoire, je n'ai pas été le privilégié témoin
Je ne la connais donc pas complètement, point par point
En plus, par malheur, mon indicateur, je ne l'ai pas rejoint
Fort mal orienté, je me suis trompé de sortie au rond-point

Oh! Mais voici une chose dont je suis sûr, néanmoins :
La légende d'Alain est née quand il devint l'adjoint
De Guy Gélinas, qui, lui, s'en allait bientôt travailler au loin
À un poste un peu plus élevé, pour faire plus de foin
De cette légende, voici le très bref résumé ci-joint
J'espère que vous saurez déchiffrer mon baragouin
Un jury de trois personnes aveugles, myopes à tout le moins
Se rencontrèrent au Centre fiscal, dans un de ses recoins
Pour choisir le remplaçant du chef de la sécurité avec soin
Le jour de l'entrevue, Alain était en vacances à Mattawin
Ils étudièrent donc une photo de lui, très mal mise au point
Où il paraissait plus grand, plus gros, plus fort qu'un marsouin
Alors qu'il est tout petit, chétif et malingre comme un maringouin
Alain s'attendait, bien sûr à un refus, mais quand on l'a joint
Il se fit dire par le jury : «C'est bien toi dont on a besoin!»
Quand ça se sut, tous crurent à une mauvaise blague de Guy Jodoin!
Quelque temps seulement après qu'il eût été ainsi oint
Un jour de canicule, prévu par la météo de Jocelyne Blouin
Chaussé de «gougounes», vêtu d'un bermuda de bédouin
Et d'une chemise hawaïenne comme seul pourpoint
Alain dut affronter un employé, tant gorille que babouin :
Six pieds deux, du bain de pieds jusqu'au shampooing
L'homme était aussi costaud que Louis Cyr, sauf l'embonpoint
Notre Alain, les veines du cou sorties, serrant fort un des ses poings

Et pointant haut un index tremblotant vers un nez en forme de groin
Ramassa son courage et dit au trouble-fête, à brûle-pourpoint :
« Aïe! Le grand, t'es bien mieux d'arrêter de faire le « taouin »
Ramasse tes affaires; au nom de la loi, dehors! Je t'enjoins! »
L'autre, d'en haut, dut n'entendre qu'une sorte de coin-coin
Mais, voyant sous lui un canard à face cramoisie et à l'air chafouin
Se sachant en tort et de peur de sortir de là mal-en-point
Peut-être aussi parce qu'il voyait Guy Gélinas derrière Beaudoin
L'homme obtempéra vitement, et on ne le revit, dit-on, qu'à Rouyn!

N'est-ce pas que cette histoire vous en bouche tout un coin!
C'est pas mal plus fort que la boucane de votre dernier joint!
Et toi, Jocelyne, que penses-tu de ton nouveau conjoint?
Toi non plus, tu ne pensais pas qu'il était fort de même
Alain Beaudoin!

 **Des milliers de « likes » pour...**

...Tous les membres du Corps canadien des commissionnaires qui assure, depuis son ouverture en 1979, la sécurité du Centre fiscal de Shawinigan. Ce Corps canadien des commissionnaires fournit depuis 1945 un service de gardiens et de commissionnaires au gouvernement du Canada. Il s'agit d'un organisme à but non lucratif qui offre des emplois intéressants aux anciens combattants du Canada.

Denis Bégin (Décembre 2004)

Soyez heureux, frères et sœurs, car Denis Bégin
Après une carrière qui nous a semblé sans fin
Tire sa révérence, abandonne son gagne-pain
Laisse sa place, quitte son poste, s'en va enfin!
«Ce n'est vraiment pas trop tôt», disent ses copains
Spécialement ceux qui, ambitieux, voient loin
Et qui étaient frustrés de toujours attendre à demain
Pour, sur son poste laissé vacant, mettre la main :
À ceux-là, Denis, tu ne bloqueras plus le chemin!

Pour ce géant, nous ne sommes que des nains
Mais parfois il nous voit, et là, le visage hautain
Du haut de ses six pieds cinq tout au moins
Il nous adresse la parole, du moins à certains
Et ceux là qui doivent écouter son baratin
Ah! Comme énormément on les plaint!
Ils ont beau tendre l'oreille, mais c'est en vain
Les lèvres de Denis bougent, oui, on le voit bien :
Cependant, aucun son ne sort, on ne comprend rien!

Denis, pour combler cette lacune, c'est certain
S'est engagé dans des cours de langage des mains
Que le Centre fiscal a organisé pour le plus grand bien
Des gens malentendants travaillant en son sein
Denis avait beau s'appliquer, oui, ça me revient
Faire et refaire l'alphabet, les chiffres jusqu'à vingt
Il était un élève pourri, euh! disons plutôt moyen
Incapable de faire une seule phrase qui se tient :
Les gestes qu'il fait et les mots qu'il dit : aucun lien!

Cela n'a pas empêché Denis d'atteindre ses fins
De monter et d'atteindre presque le Saint des Saints
Chef de groupe, chef de section, intérim directeur adjoint
Oui, voilà jusqu'où a été ce longiligne être humain!

Pour quelqu'un avec un double handicap comme le sien
Faut croire que l'Agence, dans ses débuts lointains
Bien avant les années mil neuf cent quatre-vingt
Gérait déjà un programme d'équité à l'emploi clandestin :
Pour venir au secours des grands démunis dans le besoin

Cela avait tout de même un côté malsain :
Quand, dans le travail, il y avait des pépins
Que le personnel se chamaillait comme chat et chien
Et que Denis, forcé d'intervenir soudain
Voulait se transformer en un gestionnaire craint
Il était incapable de projeter assez fort son venin
Et, à l'entendre, les gens étaient plutôt enclins
À refaire la même chose – et pire – le lendemain!
Les colères de Denis? Qui a peur d'un gros poussin?

Longtemps, Denis a été conseiller ou échevin
De la différence, jamais je ne me souviens
Oui, de toujours faire plus, il avait le béguin
Que ce soit pour le Centre fiscal ou pour son patelin
Toujours, il était prêt à donner un coup de main
Comme le faisaient ses héros quand il était bambin :
Fury la jument, les chiens Lassie et Rintintin
Skippy le kangourou et Flipper le dauphin :
Étrange comme la télé peut influencer un destin!

Mettons que le casque de Denis est assez plein
Et qu'il faut arrêter là mon discours mesquin
Que reste-t-il d'autre à dire de Denis Bégin?
Sinon souhaiter que, de lui-même, il prenne grand soin
Qu'il profite de la vie que lui offre le Divin
Et qu'il ne faut pas être ni prophète ni grand devin
Pour affirmer qu'avec l'argent, le pognon, le bacon, le tas de foin
Qu'il a accumulé depuis les temps anciens...
On ne devrait pas revoir Denis avant... l'an prochain!

Gilles Bergeron (Mars 2005)

J'espère pouvoir vous le présenter correctement : voici Gilles Bergeron
Bien sûr, avec un tel sujet, je crains de vous ennuyer ou de tourner en rond
«Est-ce que tu ne craindrais pas aussi, Luc, d'avoir l'air un peu moron!»
Bah! Tant pis si j'ai l'air con, me dis-je, au moins les gens riront!

Gilles est un plaisantin, un drôle, un p'tit comique, un joyeux luron
Il dit : «Du haut de Nos sempiternelles sandales, Nous aimons faire le fanfaron»
Et, comme je suis direct et que je vais droit au but, n'étant ni gêné, ni poltron
Et puisque tout est vrai, je sais que ce n'est pas là lui faire affront

Gilles a une belle personnalité, de la classe, c'est un vrai baron
Tout ce qu'il dit et fait est pensé, raffiné, même ses pires jurons :
Exemples : «Butor, doux crétin, triste sire», rien à voir avec les bûcherons!
Gilles s'exprime, ça a dû être son idole, comme le notaire Lepotiron

Pour annoncer sa retraite, il nous a dit : «Bientôt, Nous partirons!
De la date précise et exacte, plus tard, Nous vous avertirons!»
Là, Gilles, vraiment, de la modestie, tu mérites haut-la-main le prix citron
Non, mais quand même, – et Dieu sait qu'il en a!, – ça prends-tu du front!

Voici donc un aperçu de son curriculum vitæ depuis son premier biberon
Jusqu'à sa retraite, qui mettra en vedette son abonnement à Vidéotron
«Mais pas de «bitchage», mon ami, Nous ne sommes pas la carrière Miron! »
OK! L'accent sera mis sur les bons coups, en autant que nous le pourrons.

Jeune et imberbe, Gilles était-il beau gosse? «Nous n'étions point laideron!»
S'amusait-il à faire fumer les grenouilles, à écraser, du pouce, les pucerons?
Quand on va aussi loin dans le passé, sans «time-machine-o-tron»
Il faut savoir accepter, humblement, que certains faits nous échapperont

Nous avons, tous, vu Gilles arborer fièrement l'idoine et coloré macaron
De la gestion des différends ou conflits; lui, comme tous les autres larrons
Il a prêché : «Toute chicane, en bonne entente, oui, Nous muerons.»
Et la devise était : «Nous traverserons le Pacifique, ou Nous coulerons.»

Aux Appels, on l'a vu travailler pour Ottawa, pour le Chemin Herron
«Nous n'étions point seul; avec une équipe du tonnerre, Nous dirons.»
Ensemble ils ont tellement bien fait et su, du feu, tirer les marrons
Qu'ils ont été récompensés, entre autres, par un beau certificat en carton!

Son style de gestion se situait aux antipodes de celui de l'empereur Néron
«Jamais Nous ne criions, ni ne fouettions, ni ne Nous servions d'éperons.»
Unanimement, ses employés disaient : «Oui, pour lui, nous opérons!»
Cela valait pour tous : les Gélinas, les Tremblay, les Hébert et les Caron...

Gilles, enthousiaste, dit des Jeux Olympiques : «Vraiment, Nous adorons!
Diantre! Du fleuret, de la lutte gréco-romaine, du boulingrin, de l'aviron!
Aux quatre années, pour cela, un congé spécial Nous prenons et étirons.»
Et rien, non rien, n'a jamais pu l'en empêcher, pas même un seul patron!»

Désormais à la retraite, on verra plutôt Gilles en salopette de tâcheron
Il étendra sur le toit de son home, une nouvelle couche de goudron
Ou il s'occupera à repeindre la maison, à poser des quarts-de-rond
«Luc, vous oubliâtes la pelouse, quelquefois la tondeuse Nous passerons.»

Puis Gilles, las, le travail terminé, très souvent nous le remarquerons
Assis confortablement sur sa chaise berçante, «Oui, le soir, Nous lirons
Paresseusement, tout en Nous balançant doucement sur Notre perron.»
Et cela, durant toute la belle saison, bien sûr, et jusqu'à l'été des Hurons

L'hiver, Gilles concoctera de succulentes recettes de steak au poivron
«Nous écouterons à la télé des documentaires sur le tissage du napperon.»
Ou bien, il regardera les nouvelles TVA, où l'éditorialiste Claude Charron
Commente, avec émotion, les événements survenus à Tel-Aviv et à Hébron

Aussi, occasionnellement, Gilles et sa gang, en chœur, chanteront
Des airs, comme lui passés date : L'aigle noir, La complainte du maréchal Biron
Un conseil : continuez de chanter en groupe, les uns les autres s'enterreront
«Cela Nous sied : ainsi on ne sait pas qui fausse et fait le vide dans les environs.»

Comment le Centre fiscal peut-il perdre ainsi son philosophe, son Cicéron
«Nous laisser partir, Nous qui, parmi tous, sommes le plus beau fleuron?»
Quoi! Selon toi le CF devrait annoncer sa fermeture, au son des clairons?
Gilles, dégonfle ta «balloune»! «Au pire, consulter le PAE, Nous irons!»

Les personnes qui ont eu le très grand bonheur d'évoluer dans son giron
Ont été choyées; et même quand elles touchaient le fond du chaudron
Gilles était là; c'est un sage ce soir que, pour la dernière fois, nous saluons
Mais l'estime et l'amitié qu'on a pour lui, jamais, non jamais, ne périront!

On l'aime Gilles Bergeron (2)
(Sur l'air de *Ils ont des chapeaux ronds,* chant traditionnel)

Refrain :
On l'aime Gilles Bergeron
Gougoune et champagne
On l'aime Gilles Bergeron
Gilles est un champion
Pion, pion, pion, pion
Soin, soin, soin, soin

Il paraît qu'en Italie
Ils ont approché Ti-Gilles
Lui auraient offert dix mille
Pour remplacer Pavarotti

Refrain

Il paraît qu'au Canada
Les centres fiscaux vont fermer
La date que Gilles est retraité
C't'un jour férié maint'nant, hourra!

Refrain

Oui, il paraît qu'au Brésil
C'est la fête, le carnaval
Mais bientôt ça va aller mal
Car sur un char, on va voir Gilles

Refrain

Il paraît qu'au Liechtenstein
C'est un paradis fiscal
Sont chanceux, c'est bien normal
Ils n'ont pas notre petit Einstein

Refrain

Canada - États-Unis
On a des gros différends
Gilles a offert ses talents...
On s'ra plus jamais amis!

Refrain

Oui, il paraît qu'au Mexique
Pays des «tabarnacos»
Ils ont offert leurs nachos
Pour qu'on garde notre roi de pique

Refrain

Il paraît qu'à Paris, France
Ils ont de gros monuments
Nous on a eu plus d'20 ans
Le cerveau le plus immense

Refrain

Il paraît que Shawinigan
Pour que se fasse la fusion
A posé une condition
Que Gilles déménage sa cabane

Refrain

Il paraît qu'à Ottawa
Des ministres l'ont approché
Gilles ferait un bon député
Car déjà on ne l'comprend pas

Refrain

En Guinée Équatoriale
Ils se cherchent un président
Gilles n'a pas tout l'équipement
Mais il a déjà les sandales

Refrain

Paraît qu'en Afghanistan
L'impôt de Talibanville
Aurait invité notre Gilles
Leur a dit : «Non, je n'ai pas l'temps»

Refrain

Il paraît qu'en Allemagne
Tristesse égale bière en fût
Comme Gilles ne reviendra plus
Noyons ça dans la bière, la gang

Refrain :

On l'aime Gilles Bergeron
«Gougoune» et champagne
On l'aime Gilles Bergeron
Gilles est un champion
Pion, pion, pion, pion
Soin, soin, soin, soin

Sylvie Bergeron (2005)

Connaît par cœur son RTT1 et sa validation
Appuie continuellement ses compagnons
En tout, donne son avis, son opinion
Qui sont reçus comme du bonbon
Sylvie aime ça quand tout tourne rond
Elle déteste les meetings trop longs
Dans sa nouvelle et prochaine position
Elle sera comblée à profusion
Au 563, oui, elles sont courtes les réunions
Mais il y en a dix par jour! Félicitations!

Diane Dionne (2005)

Est une charmante et droite personne
Et une employée réellement bonne
Toujours son mieux, et son temps, elle donne
Sûr, elle fera pareil chez les DA-Connes
Je l'imagine fière comme une paonne
Dire à une de ses employées qui se questionne
Au moins, es-tu heureuse, ma petite friponne?
Pour dire, peu de choses la désarçonnent
Mais une affaire depuis toujours l'empoisonne :
Elle hait ça quand on la prend pour sa bessonne!

Suzie Hould (2005)

De son vrai nom, Suzanne, qu'elle boude
Et pas du tout du genre à jouer du coude
Ni à crier ou à taper fort sur le «hood»
Pourtant, Suzie l'a fait sa place, «yes, I could!»
Gérant les conflits de son équipe, qu'elle soude
Contrôlant les dossiers, aussi solide qu'une feuille de «plywood»
Fatiguée? Oui, mais tu as fait un boulot «super-good»!
Un petit repos au golf, «Tigresse» Woods
Ou une petite saucette à Widewood
Et la revoilà au travail, la petite Hould!

Marcel Bertrand (Juillet 2008)

J'ai eu Marcel comme employé au Redressement
Dans l'équipe téléphone et comptoir aux clients
C'était Sylvie Morency qui gérait cette équipe avant
Et de changer de place, elle n'a pas obstiné longtemps
C'est sûr qu'avec le personnage qu'était Marcel Bertrand
Comme agent, elle ne devait pas chômer très souvent
Car il avait tout un caractère et tout un tempérament
Marcel était du téléphone un des meilleurs pourtant
Il connaissant bien de l'impôt tout le fonctionnement
Mais il avait avec les comptables et les représentants
Une attitude, une façon de faire, un comportement
Où se mêlaient familiarité, langage cru et entregent
Couché sur sa chaise, les deux pieds sur le bureau blanc
Marcel tutoyait ses interlocuteurs allègrement
Et à l'autre bout, les autres semblaient en faire tout autant
Sans en montrer ni exprimer quelque ressentiment
Seuls mes patrons trouvaient à redire occasionnellement
Il fallait donc rencontrer Marcel et perdre son temps
À lui faire la leçon sur ce qui est ou non bienséant
Marcel allait voir Tessier et, peu après, revenait souriant
«Il me dit de te dire de me laisser tranquille, sacrement!»
Ce que, tout comme mes prédécesseurs auparavant
Je m'empressais de faire bien évidemment
J'avais fait mon travail de chef, j'étais donc content...

Ce qui n'empêche pas qu'au moins une fois cependant
Utile fut son approche rude, sa verve et son parler franc
Il m'avait consulté sur un cas fiscal important
J'avais tenté de convaincre Tessier dans ce dossier mêlant
En lui parlant avec de belles grandes phrases et poliment
Et quand je suis sorti de là, je dois reconnaître honteusement

Que j'avais essuyé cette fois un échec total, mordant
Que Marcel n'accepta pas! Contrarié profondément
Par mon manque de ténacité et de ton convaincant
Il me dit : «Me permets-tu d'aller voir le grand chef maintenant
Et lui faire valoir un à un chacun nos solides arguments?»
Je le revois encore revenir de ce bureau, tout rayonnant
Avec en main sa signature et son assentiment
Qu'il lui avait soutirés Dieu seul sait comment!
J'imagine qu'il avait utilisé les mêmes phrases exactement
À la différence près qu'il y avait ajouté, de temps en temps
Quelques invocations bien senties au Firmament!

Quand Marcel allait rencontrer au comptoir les clients
Le voir descendre en jeans, c'était fatigant
On lui avait demandé pour ce travail, fréquemment
De s'habiller propre, convenablement
Pour nous, tes anciens chefs d'équipe, c'est frustrant
De te voir, ce soir, vêtu de beaux vêtements...

Marcel Bertrand, tu es un personnage étonnant
Homme de Taram occasionnellement
Au syndicat pendant très longtemps
Tu es un fonctionnaire improbable, vraiment!
À la reine, on t'avait demandé de prêter serment :
Jurer sur la bible, ça ne voulait pas dire sacrer tout le temps!
Bonne retraite, Marcel Bertrand!

Une grande partie de la carrière de Marcel Bertrand a été consacrée aux affaires syndicales du Syndicat des employés(es) de l'impôt, affilié à l'Alliance de la fonction publique du Canada, l'organisme voué à la défense des droits des employés de l'Agence du revenu du Canada au Centre fiscal de Shawinigan. Marcel en a gravi les échelons un à un : délégué syndical, président local puis vice-président pour la région du Québec. Ses services insignes ont été récompensés en 2011 alors qu'il a été nommé *Membre à vie* du syndicat.

Gertrude Bonenfant (13 janvier 2006)

Y a-t-il quelqu'un ici qui ne connaît pas Gertrude Bonenfant?
Généreuse, elle a la dignité et la majesté de l'éléphant
Elle possède aussi la sagesse et le sérieux du harfang
Mais, problème, elle a gardé la candeur naïve du jeune faon
Maman Gertrude, nous t'aimons beaucoup!

Comment résumer la carrière de Gertrude Bonenfant?
Aux ressources humaines, secteur rémunérant et staffant
Une gestionnaire appréciée elle fut, maints formulaires paraphant
Et des dizaines d'employés, conseillant, dirigeant et briefant
Maman Gertrude, nous t'aimons beaucoup!

Je revois encore cette bonne Gertrude Bonenfant
Aux pauses-café et dîner, souriante, amusée, s'esclaffant
De nos blagues, de nos propos mi-sérieux, mi-bluffant
Elle, trop crédule, croyait tout, et réagissait en gaffant!
Maman Gertrude, nous t'aimons beaucoup!

Qui, ici, ne connaît pas maman Gertrude Bonenfant?
Qu'on s'appelle Alarie, Boisvert, Côté, Granger ou Malenfant
Tous les employés, sans exception, étaient ses enfants
Elle était notre Maman Fonfon et notre Dédé Fanfan!
Maman Gertrude, nous t'aimons beaucoup!

Récemment, des temps plus durs, plus tristes, plus étouffants
Ont affecté notre pourtant très joviale Gertrude Bonenfant :
À Shawinigan, plus de Rémun.! La haute gestion la biffant
Que faire alors, sinon subir et affronter la situation en «toffant»?
Maman Gertrude, nous t'aimons beaucoup!

Bien sûr, on réagit, on conteste, on se bat, on pourfend
C'est ce qu'a fait, du mieux possible, Gertrude Bonenfant

Puis on lâche prise, on ne veut pas que la vie, nous bouffant
Nous empêche de la voir cette vie, en riant, voire en pouffant
Maman Gertrude, nous t'aimons beaucoup!

Désormais, pendant que son Laurier, à la hache le bois fend
Qui se promènera en tricycle? Gertrude! Et l'air triomphant
Vous voyant, elle fera retentir son klaxon, son olifant
Alors, retournez-vous, et criez-lui, car rien ne le défend :
Maman Gertrude, nous t'aimons beaucoup!

👍 Des milliers de «likes» pour…

…tous mes collègues des Ressources humaines du Centre fiscal de Shawinigan qui ont accompagné avec professionnalisme et empathie autant les gestionnaires que les employés dans les multiples aspects complexes de la dotation, de la rémunération et des relations de travail.

👍 Des milliers de «likes» pour…

…**Carole Lemoine**, ex-employée des Ressources humaines au Centre fiscal de Shawinigan qui, avant comme après sa retraite, a aidé bénévolement bon nombre des quelque 600 personnes ayant pris leur retraite entre janvier 2008 et décembre 2017 à compléter leurs documents de retraite complexes. MERCI Carole!

Michel Bonin (Octobre 2004)

J'ai très bien connu Michel Bonin
C'était vers la fin des années '80
Nous étions alors collègues et voisins
Dans un cours de T2 donné par France Paulin
On y apprenait, tant mal que bien
À cotiser les sociétés, pertes et gains
Nous avaient menés là deux destins :
Permettez-moi de vous conter le sien
Michel nous est arrivé un bon matin
«Bon», c'est exagéré bien sûr, mais enfin
Ce jour-là, comme sorti de la lampe d'Aladin
Arriva au Centre fiscal, ce grand fin-fin
Auparavant, on l'appelait «douanier» Bonin :
Il guettait, fouillait, questionnait, tâtait, au quotidien
Il scrutait, investiguait tout, lui et ses copains
Dont plusieurs étaient, à ce qu'on m'a dit, des chiens
Attention! Des vrais, avec des pattes, pas avec des mains!
Cela dit, aucun bagage, aucune valise douteuse, rien
Ne pouvait déjouer tous ces museaux, tous ces nez fins
Et grand malheur à celui qui se bourrait les intestins!

Je corrige : c'est avant la venue ici de Michel Bonin
Que je l'ai connu, tout à coup je m'en souviens!
Quoique «vu» serait plus approprié, c'est certain
Marie et lui étaient alors les invités canadiens...
... De la Chasse au trésor, un programme parisien
Ils dirigeaient d'un studio, c'est-à-dire de loin
Philippe de Dieuleveult qui, à bord d'un hélico lointain
Cherchait pour eux, un ringard dans un train
Partis aux frais de l'organisme radio-canadien
Gagnants de plusieurs milliers de francs européens

Elle et lui purent, un mois durant, voyager un brin
En pays français, anglais, suisse, allemand, italien...
La définition du ringard cité plus haut dans un quatrain :
C'est «tisonnier», outil pour brasser les bûches de sapin
Mais ringard a aussi une deuxième définition, tiens, tiens!
«Out, vieux, décrépit, démodé, désuet, passé date, ancien...»

À qui donc, ce soir, ce second sens va-t-il comme un gant de crin?
Soyons candidats de la Chasse, on est capables comme lui d'être malins
Ensemble, crions donc haut et fort, à poumons pleins :
«Le vieux ringard ici, c'est qui ? C'est Michel Bonin!»
Mais, j'y pense, rectification, cela me revient
À Drummondville, lui et moi étions concitoyens
Là se sont peut-être croisés, un jour, nos chemins
Pourtant, j'ai beau chercher, je reste sur ma faim...
Non, son grand âge faisant de Michel mon doyen
Il est évident que je scrute ma mémoire en vain
Car, quand j'avais quinze ans, lui, il en avait vingt
Contente-toi donc, Luc, c'est vrai, d'avoir été à l'école avec son cousin

Conclusion : mon père a travaillé à l'usine Celanese avec papa Bonin
Moi, j'ai travaillé au Centre fiscal de Shawinigan-Sud avec fiston Bonin
J'ai donc averti mes filles qu'un danger les guette : Anne-Marie Bonin!
Un jeu de mot digne de Kia, pour la fin
Le nouveau concessionnaire de Michel Bonin :
«La retraite, elle va être **bonne, hein**?»

Salut Michel!

Michel Bonin (2)

Lui ses souliers...

(Sur l'air de *Moi mes souliers*, de Félix Leclerc)

Lui, ses souliers ont beaucoup voyagé
Ils ont marché maints pays étrangers
France, Italie, Grèce et les USA
M'surprendrait pas qu'il pue des pieds

Je l'vois marcher l'Canada tout entier
Je l'vois marcher vers New-York City
Mais vers l'Europe, s'étant mal renseigné
Y'est arrivé les pieds mouillés

À l'aéroport, Michel a travaillé
Comme douanier, c'était ça son métier
Il flairait les sacs, les valises, les souliers
Ah! C'était son chien, j'me suis trompé

Au Centre fiscal, ses souliers l'ont mené
De la Vérif. jusqu'aux Sociétés
Puis les Ressources humaines ont hérité
D'une vieille godasse toute maganée

Intermède no 1

100 milles à pieds, ça use, ça use
100 milles à pieds, ça use les souliers
Rester à domicile, c'est bien difficile
Mais l'hiver, c'est plus chaud que le siège d'une Volvo

Intermède no 2

Michel et Marie s'en vont aux bleuets...

Ah, tiens donc! Aux bleuets...
Ce ne serait pas plutôt aux framboises?
Laissez-moi vous conter l'anecdote...

(Retour sur l'air de *Moi mes souliers*, de Félix Leclerc)

Souvent Michel, en béquilles a marché
C'pas surprenant, il marche comme un pied
Même aux framboises, sur un plat plancher
Y'est quasiment tombé dans une coulée

Moi mes souliers ont si peu voyagé
Je l'écoutais ses aventures conter
Mais quand à Las Vegas je s'rai arrivé
Là, je pourrai l'envoyer... promener

Michel à' soir est dans ses p'tits souliers
On rit de lui, il se fait maganer
Demain pourtant il pourra se venger
Pas besoin de mettre ses souliers
Car lui n'ira pas travailler...

Michel Bonin (3)
(Sur l'air de *Bozo* de Félix Leclerc)

Dans un quartier de Drummondville y avait
Une grande maison avec de hauts pignons
Dans cette maison y avait Michel
Le fils d'un «manuel»
Le père aimant de cet enfant brillant

Quand vint le temps pour Michel, étudiant
Fit son entrée à l'université
Avec sa maîtrise en Histoire
Ça fait mal en «taboire»
De se retrouver à un poste douanier

Vous devinez que ce passage est triste à boire
Puisque Michel, le fou du lieu est amoureux
Celle qu'il aime est transférée
C'est tout décidé
Et veut, veut pas, il déménagera!

Le v'là rendu au Centre fiscal, perdu
Deux mille personnes, juste des inconnus
Y a que Michel avec son cœur
Son âme et sa passion
Il s'y fera des bonheurs d'occasion

Si vous passez par Trois-Rivières, un soir
N'hésitez pas surtout allez le voir
Michel Bonin beau, grand et fin
Il va pas vous oublier

Chapeau Michel! Salut au retraité...

👍 Des milliers de «likes» pour...

...mes collègues qui ont participé à la fondation et au personnel de la garderie en milieu de travail *La Bottine souriante*. Cette garderie a grandement facilité la conciliation travail-famille du personnel du Centre fiscal de Shawinigan et celle de la population locale qui a été invitée, elle aussi, à y envoyer ses enfants.

René Brouillette (Juin 2010)
La ligne d'arrivée (le «end state»)

René Brouillette a été le directeur adjoint responsable de la mise en place, au Centre fiscal, d'un nouveau système de dotation et d'évaluation basé sur l'acquisition par les employés de compétences rattachées au profil de leurs emplois. Le «end state» devait être l'étape finale du processus d'implantation.

René, il faut que tu comprennes qu'avec le «end state» de ta carrière correspond un «start state» qui commence le premier jour de ta retraite. Le «start state» est une période pendant laquelle tu dois acquérir de nouvelles compétences. Faisons-en le tour si tu le veux bien.

1. (TÉC) - Travail d'équipe et collaboration :

C'est facile, tu n'as qu'à te rappeler qu'à la maison, l'équipe c'est toi, et que tu travailles pour Diane!

2. (LÉ) - Leadership d'équipe :

À la maison, oublie ça, tu n'as pas cette compétence dans ton profil de base... c'est Diane qui l'a!

3. (OSC) - Orientation satisfaction de la cliente :

Dorénavant, Diane a des attentes et des normes de service que tu devras respecter... sous peine de générer des conflits (voir *Résolution de conflits*).

4. (PDI) - Prise de décisions indiscutables :

Comme tu n'auras plus aucune décision à prendre à la maison, cette compétence ne fait plus partie de ton profil de compétences de base. N'oublie pas que toute contestation des décisions de Diane ne fera que générer des conflits (voir *Résolution de conflits*).

5. (RC) - Résolution de conflits :

Il n'y en avait pas de conflits quand tu n'étais pas à la maison, ça serait le fun que ça continue; sache qu'une bonne résolution de conflits passe par une bonne *Communication unidirectionnelle efficace* de niveau 1.

6. (CUE) - Communication unidirectionnelle efficace (niveau 1) :

À la maison, tu écoutes tout ce que Diane te dis de faire, tu fermes ta boite et tu le fais! Comme tu ne connais rien aux tâches ménagères, et que tu ne sais pas comment fonctionnent les appareils, voir la compétence *Développement de l'autre*.

7. (DA) - Développement de l'autre (Aucun besoin) :

L'autre, c'est toi! Ce n'est pas parce que tu étais DA au bureau que t'es plus fin que les autres, surtout à la maison où tu n'as rien à enseigner à personne. À la maison, la personne qui forme et qui montre à quoi servent les appareils ménagers et comment ils fonctionnent, c'est Diane! C'est comme ça que, peu à peu, tu acquerras de toutes nouvelles compétences techniques toutes aussi utiles les unes que les autres : ce sont ce qu'on appelle les compétences techniques du nouvel «âge» : l'époussetâge, le balayâge, le lavâge, le repassâge, etc. Et, avec de la pratique, tranquillement, tu pourras faire tout ça sans réfléchir (voir la compétence *Raisonnement analytique*).

8. (RA) - Raisonnement analytique (niveau 1) :

À la maison, seul un raisonnement de niveau 1 te sera permis, afin de résoudre les cas simples : faire une recette différente pour le souper de Diane chaque jour, mélanger le bon dosage de savon à l'eau pour le lavâge ou pour la vaisselle, choisir un trajet différent chaque jour pour promener ton petit-fils, etc. Si tu veux utiliser un niveau supérieur de RA, c'est maintenant que tu dois le faire. Si tu veux réfléchir à des problèmes compliqués, ne prends pas ta retraite! Sinon, demain, il sera trop tard!

Lyne Buisson (Mai 2015)

C'est vers 1992 que j'ai eu le plaisir de recueillir les deux orphelines qu'étaient devenues Jocelyne Masson et Lyne Buisson, dont le Traitement de textes ne voulait plus. Il faut dire que la Gestion des documents, que je dirigeais, était reconnue pour sa bonté et sa générosité, accueillant les employés laissés-pour-compte du Courrier, les employés laissés-pour-compte de la Gestion du matériel et, évidemment, les employées laissés-pour-compte du Traitement de textes qui, à ce moment-là, fermait boutique pour cause d'arrivée d'ordinateurs et de logiciels Wordperfect que tout un chacun au CFSH pouvait désormais utiliser pour écrire ses textes. Peu de temps après, Jocelyne fut invité à faire un séjour aux Ressources humaines; ce soir, je me concentre sur le cas **Lyne Buisson**.

Lyne a été mon bras droit pour le journal *Le trait d'union*, en en faisant, pendant quelques années, sa mise en pages de façon que je qualifierais de très professionnelle. **Je le sais, c'est moi qui lui disais quoi faire!** Quoi mettre ici, quoi mettre là, quelle police utiliser, où mettre le texte, la photo, etc. Mais il me faut lui donner les qualités qu'elle avait : Lyne comprenait rapidement et elle était très obéissante!

Mais là où Lyne a excellé plus encore, c'est dans l'implantation du logiciel de gestion électronique Foremost. Engagée à fond avec moi dans son élaboration depuis le début, combien de présentations et de représentations on a dû faire pour convaincre et rassurer les gestionnaires du Centre fiscal sur les avantages de Foremost déjà échaudés par la centralisation récente de leurs dossiers. Puis, c'est elle, Lyne, qui, au moment où je fus appelé à d'autres tâches plus nobles et plus plaisantes, c'est elle, Lyne, qui a pris le relais de la gestion de l'implantation de ce nouveau programme, allant jusqu'à le mettre en place au Bureau régional de Sa majesté la reine Élisabeth Châtillon elle-même, puis à coacher les gestionnaires des bureaux du reste de la Région du Québec. Une tâche et une réalisation colossales pour lesquelles je te dis «Bravo!» Lyne et pour lesquelles tu as toute mon admiration!

Pour moi, ce fait d'armes, c'est ce que Lyne a fait de plus complexe et de plus difficile et, vu la réussite de ce programme au CFSH, il a été exporté partout dans l'Agence. C'est quelque chose! Mais, car il y a un mais, cela ne s'est pas fait sans heurts ni résistance!

De plus, une relation de proximité quotidienne aussi intense, aussi intime et exclusive, comme celle qu'a vécue Lyne avec Foremost a donné naissance à une légende : légende que le grand troubadour que je suis va vous chanter. C'est bien tant pis pour vous! La seule coupable, si vous voulez le savoir, c'est Lyne Thiffault, qui m'a invité!

La voici cette chanson! Portez attention, quand je vous ferai signe, je vous inviterai à fredonner le refrain que vous reconnaîtrez, j'en suis sûr! Si vous ne le faites pas pour moi, faites-le pour Lyne.

La chanson : Foremost (Sur l'air de *Feeling*, de Moris Albert)

Beaucoup de bons *feelings*
à ta retraite
Lyne Buisson

👍 Des milliers de «likes» pour...

...mes collègues qui ont participé de près ou de loin à la parution des deux journaux internes du Centre fiscal de Shawinigan : *L'Expression* puis *Le Trait d'union*. Les articles, les reportages et les entrevues qui ont été publiés au fil des années ont grandement collaboré à l'émergence et au maintien auprès du personnel d'un esprit d'équipe, d'un esprit de famille presque.

Foremost

(Une chanson sur l'air de *Feeling*, de Moris Albert)
Document à classer au Dossier : Retraites des employés du CFSH-Cas spéciaux

Foremost
Lyne Buisson et Foremost
Une étrange histoire d'amour
Douce amère à conter

Foremost
Lyne Buisson et Foremost
On fut tellement étonné
Du temps que ça a duré

Foremost
Y'a eu des hauts et des bas
Y'en a qui en voulait, d'autres pas
Méli-mélo de feelings

Feelings wo wo wo
Feelings Wo wo wo
Feelings... À cause de Foremost...

Foremost
On voyait Lyne travailler jour et nuit
Même que Foremost a presque réussi
À sortir Éric de sa vie

Foremost
Un jour, oui, Lyne est partie
Laissant Foremost seul sur le lit
Seul avec ses feelings

Feelings wo wo wo
Feelings wo wo wo
Feelings... Là, y'a plus de Foremost... (Bis)
Oui, Lyne est partie... pour d'autres feelings

Réjean Côté (Février 2012)

Réjean-tleman bénévoleur

Sur l'air de *Gentleman cambrioleur* **interprétée par Jacques Dutronc**
Compositeur: Jean-Pierre Bourtayre; Auteurs: **Yves Dessca, Frack Harvel**

C'est l'plus grand «bénévoleur»
Réjean, c'est un gentleman
S'il s'emparait de vos valeurs
C'était pour des personnes en larmes
S'il détroussait tous les secteurs
C'tait pour des gens dans le malheur
Réjean-tleman «bénévoleur»
Est un grand seigneur

Il marche le corps «dret»
Le visage un peu trop sérieux
Et sous son allure «frette»
On pourrait croire qu'il est «snobeux»
Mais on l'a vu sortir
Pour ses amis, son «coat» à queue
Son humour et son air joyeux

C'est le plus grand des MC
Réjean, c'est un gentleman
L'image qu'il nous a laissée
D'un animateur qui ricane
Oui, y avait l'air d'un pingouin
Mais au moins il parlait bien
Réjean-tleman «bénévoleur»
Aujourd'hui c'est ton heure

Aujourd'hui, il s'en va
La tête haute avec fierté
Et bien des hauts et des bas
Qu'il lui a fallu surmonter
Mais on n'a pas fini
De voir Réjean «bénévoler»
«Bénévoler», ça c'est sa vie!

C'est l'plus grand «bénévoleur»
Réjean, c'est un gentleman
Il s'implique de tout son cœur
Il ne s'ra jamais en panne
Nous sommes ici pour te souhaiter
De bonnes choses, que les meilleures
Réjean-tleman «bénévoleur»
Pense un peu à toé
Et laisse-toi… «bénévoler»

Réjean du pays, c'est à ton tour!
(sur l'air de *Gens du pays* de Gilles Vigneault)

Réjean du pays, c'est à ton tour
De te laisser parler d'amour
Réjean du pays, c'est à ton tour
De te laisser parler d'amour

Réjean Côté a milité durant un peu plus de 10 années au sein du Syndicat des employé(es) de l'impôt (Alliance de la fonction publique du Canada) pour ensuite se consacrer aux campagnes de levée de fonds Centraide/ Partenaires-Santé. Dans cet organisme, Réjean a tenu les rôles et fonctions de coordonnateur - Région du Québec pendant près de 20 ans. À la retraite, il a fait partie de la section Mauricie de l'Association nationale des retraités fédéraux. Une carrière dédiée au service de ses pairs et de la population! Bravo!

C'ton tour (Alain) Delisle (Juin 2009)
(Sur l'air de : *Le tour de l'île* de Félix Leclerc)

J'ai connu Alain Delisle aux Documents, y'a d'ça 20 ans
Alain Delisle a 60 ans, c't'un gars tranquille
C'était pas un gars dérangeant, c'est pas comme Gilles
Lui c't'effrayant, y jouait des tours, des tours à Delisle
Un jour, le beau fin-fin, voici c'qui a fait, au p'tit Alain
Y'a «déplogué» l'clavier d'Alain, puis y'a plogué le sien
Sur son écran, Alain a lu : «T'as un virusse»
La TI est venue, tout l'monde l'a su, le tour à Delisle
Non, c'est pas vrai, mais oui, c'est vrai... écoute encore...

Y'est pas grand mais y'en a d'dans, le p'tit Alain, quand y s'fâche, y'est malin
J'l'ai vu un jour le visage bleu, en beau maudit
Il revenait de se faire dire par Réginald
«Toé l'animal, tu toucheras pas à mes dossiers.»
Imaginons les Documents, section fermée, un cimetière
Où envoyer Alain Delisle, y sait rien faire
En impôt, Alain y sait rien, «he speaks» même pas l'English
L'T2 l'a pris, mais pas chanceux, Gilles l'a suivi
Non, c'est pas vrai, mais oui, c'est vrai... écoute encore...

Avant icitte, Alain Delisle a été prof quelques années
Mais ses élèves du Primaire 2, tous plus grands que lui
Comme Gilles, ils riaient quand il causait en hiéroglyphes
«Gilles, cesse illico, tu t'paies ma fiole, mon escogriffe.»
À l'âge qu'il a, Alain Delisle est passé date, comme un yogourt
Delisle s'en va lire son journal ben assis chez lui
Il quitte l'Agence comme il quitterait une cathédrale
L'âme tranquille, prends ta retraite, c'ton tour Delisle
Ça signifie, ton heure est venue, oui, t'as bien compris...

Nota : Alain Delisle est décédé le 17 janvier 2012 à l'âge de 62 ans.

Jean Pierre Desgagné (Novembre 2009)

Jean Pierre, je suis un peu surpris de te voir sans ta caméra... Ça doit te démanger un peu de rester assis à ne rien faire, non?

Jean Pierre prend, à partir de lundi prochain, une retraite bien méritée et ce, après plus de 30 années de service. Durant sa carrière, Jean Pierre a été employé exécutant, chef d'équipe, chef de groupe, gestionnaire; mais, depuis quelque temps, on le connaît mieux et on le reconnaît comme l'Alfred Hitchcock du Centre fiscal.

Depuis longtemps intéressé par l'informatique et ses infinies possibilités, Jean Pierre a développé dans les dernières années une compétence, un talent qui a magnifiquement servi le Centre fiscal : cinéaste, il a filmé la relève, les bons coups du 563, les saynètes d'éthique, les 5 à 7, les rencontres de gestion élargie, les tournois de golf, le colloque du CRÉDAF, les anniversaires du CFSH, (...) Croyez-moi, la liste est longue!

Directeur de plateau d'une grande patience, Jean Pierre savait filmer pas à pas les apprentis comédiens que nous étions tous; monteur ingénieux, il savait masquer nos hésitations, nos balbutiements, nos maladresses, quelquefois même, nos défauts physiques. Il investissait à ce travail un temps incalculable et un niveau d'ingéniosité incroyable à réaliser sur ordinateur un produit fini qui a toujours fait honneur à l'organisation.

Pour tout cet investissement, pour ton implication et ton dévouement, pour la qualité de ton travail, l'équipe de direction et tous les employés du CFSH, te disent : «Bravo et merci, Jean Pierre!»

Je reviens à Hitchcock... Demain, vendredi 13...sur la dernière image du film de ta carrière, le suspense se terminera et on pourra lire le mot :
«FIN»
Bonne retraite, Jean Pierre!
Texte composé par Luc Granger et lu par Denis Gélinas, directeur

Dominic Doucet (Avril 2014)

Un bien-cuit pour mon ex-collègue Dominic Doucet?
Voilà encore un sale boulot qu'on demande au poète...
Dire des torts, lister des défauts, mettre sur la sellette
Dire tout haut ce que vous taisez, vous, les mauviettes
Examiner le personnage sous ses moins belles facettes
Laisser de côté les éloges, lui égratigner un peu la bette
Ça vous fera rire, vous, mais moi, moi, cela m'inquiète :
Doom m'en voudra-t-il après lui avoir payé la traite?
Avez-vous regardé sa corpulence, son physique d'athlète
S'il m'en veut, je ne donnerai pas cher de mon squelette!

    Bon, tout d'abord, écoutez cette vraie historiette
    Doom et moi, au terme d'une belle soirée jet-set
    Étions assis ensemble au chic restaurant le «67»
    Alors qu'il se demandait s'il mangerait une omelette
    Je lui vantai la pizza garnie extra sauce «spaghette»
    Il en a immédiatement aimé et le goût et la recette
    Au point qu'il n'en a pas laissé une seule miette
    C'est là qu'il me parla de sa crise du cœur frais faite
    Qu'on venait tout juste de lui débloquer les oreillettes
    Et on voudrait que, là, je l'achève avec mes rimettes!

Comme un bungee, tout au fond du ravin, je me jette
Le voici le bien-cuit de notre ami, Dominic Doucet :
Trente-deux années à te lever tôt de la couchette
Trente-deux années à gagner dur ton foin, ta galette
Trente-deux années de victoires comme de défaites
Trente-deux années de petits bonheurs et de disette
Oui, voilà bien de quoi une longue carrière est faite
Ah! Oui! Pour savoir si ta gestion leur semblait parfaite
J'ai voulu sonder, sous l'anonymat et à l'aveuglette
Mais tous tes employés ont pris la poudre d'escampette!

Pour qualifier la fin de carrière de Dominique Doucet
Un seul mot, important, que je vous donne d'une traite :
Compétences! Compétences! Oui, je le dis et le répète :
Compétences! Ce mot - concept aux mille et une facettes
Guy Marcouiller et moi en furent les fougueux interprètes
Pour les propager à tous, nous multipliions les pirouettes
Tout était bon pour les promouvoir, même les courbettes
On était sûr que Doom lui aussi les trouvait chouettes
Puisqu'il nous en entretenait sept heures sur sept!
Ben non! Ce mot, comme il le haïssait, pis en tabarouette!

C'était un mot qui lui puait au nez comme une moufette
On lui disait : compétences; il voulait aller aux toilettes
À la table de la cafétéria, c'était devenu une amusette
On jasait compétences, et la face lui devenait violette
Ah! Comme il aimait le traîner, ce mot, dans la bouette
Il l'aurait, c'est sûr, fait éclater en dix mille piécettes
S'il eût eu, à la place des yeux, un lance-roquettes
On m'a même confié, et l'histoire est restée secrète
Que le mot «compétences» se formait dans son assiette
Quand on lui servait de la soupe à l'alphabet
Ce n'était pas un mot, c'était un «motton», une arête
Qui se coinçait dans sa gorge à hauteur de la luette
Et quand Doom était las de son job et de sa vinaigrette
Quand il sentait un grand besoin d'une petite sauvette
Oui, quand son dur travail l'ennuyait, ou le laissait frette
Il rêvassait de voyages, de croisières, de croisettes
Et quelquefois, régulièrement, assez souvent en fait
Il allait dans ce qu'il croyait être une bonne cachette
Où tous pourtant reconnaissaient sa familière silhouette :
«Tiens, voilà encore Dominic qui fait de l'internet!»

Dominic peut être considéré comme un voyageur vedette
Il a vu plus de pays que nous tous réunis ici avec nos canettes

Mais reste-t-il un coin qui lui est inconnu sur la planète?
Où il n'est pas allé, qu'il n'a pas foulé de ses baskets?
Aucune destination, aucune complication, rien ne l'arrête
Seul, en couple, même avec les enfants de sa chère brunette
Il gère les avions, les hôtels, dont il réserve tous les tickets
Il ne conduit pas d'avion, de paquebot, de bus, ni de goélette
Mais quand il voit un pilote, un capitaine ou un chauffeur qui brette
Il se dit : Si j'avais les compétences, je prendrais sa casquette!

Doom, je sais que tu préfèrerais les ranger dans les oubliettes
Mais les compétences sont partout, peu importe où vous êtes
Ce que vais te dire, je sais que ce n'est pas ce que tu souhaites
Mais qui a dit : Que vaut-on quand on ne vaut pas une risette?
Guy et moi avons donc tout bien examiné, avec notre lorgnette
Chacune des cinq compétences organisationnelles de la retraite :
Niaisage, Flânage, Papotage, Traînage et Promenage en bobettes
Tes descriptions des événements sont pour le moins incomplètes
Mais ta nouvelle boss, Sylvie, nous a dit : Oh! Il va marcher «dret»
Il va faire la popote, le ménage, le lavage, sinon je sors le fouet!

Alors, remercie ta Sylvie, grâce à elle, il a bien fallu qu'on admette
Ton portfolio, et ce, malgré beaucoup d'informations imparfaites
Ici, en présence de tous, Guy Marcouiller et moi, on décrète
Que tu possèdes, à partir d'aujourd'hui et ce, jusqu'à perpète
Tous les niveaux de compétences requis pour bien réussir ta retraite

👍 Des milliers de «likes» pour...

...Tous mes collègues de l'informatique qui ont su répondre, avec professionnalisme et créativité, aux multiples défis que constituent l'implantation de nouveaux systèmes et le traitement quotidien des nombreuses demandes d'aide et de service de leurs utilisateurs-clients.

Dominic Doucet (2)
(Sur l'air de *Dominique, nique, nique* de Sœur Sourire)

Dominic, nic, nic
Trouvait que j'faisais pitié
Quand j'me suis séparé
Il voulait me présenter
Toutes les femmes de son passé
(Mais ça, il ne le savait pas encore :)
Depuis deux s'maines, j'avais trouvé

Dominic, nic, nic
Est plein de belles compétences
Ça, ça le met en transe
Mais y'en a une qui est coriace
La communication efficace
(Mais vous en faites pas :)
I's'pratique sur ses enfants

Dominic, nic, nic
Est un très grand joueur de golf
Il change souvent de bois
Là i'en a un qui est extra
Il obtient de bons résultats :
Sa balle va bien plus loin dans l'bois

Dominic, nic, nic
C'est sûr qu'il va voyager
L'agent, c'est son PC
Faire deux fois le tour de la Terre
Naviguer sur les sept mers
Ses amis sont sur les nerfs

Guy Gélinas (Mars 2015)

Merci, Dave Morissette (i.e. son sosie, Benoît Séguin, animateur de la soirée) de me laisser la parole! Guy Gélinas me fait penser à quelqu'un qu'on voit souvent de ce temps-ci dans l'actualité.

Du temps que je l'ai connu, Guy Gélinas était le docteur Barrette des services internes : plusieurs pourraient témoigner ce soir de toutes les fois qu'ils ont goûté à sa médecine de bœuf! Un bœuf de corrida! Quand Guy poussait sur un dossier, personne ne pouvait l'empêcher de le faire avancer dans le sens où lui voulait qu'il avance et ce, même si on se mettait à plusieurs pour l'en empêcher! Quand il y mettait tout son poids, Guy était le meilleur dans ce genre de souque à la corde.

Comme le docteur Barrette, Guy n'a jamais souffert d'aucun complexe : quand une idée se frayait un chemin, de ses pieds jusqu'à son cerveau, celle-ci faisait office de vérité sacro-sainte qu'il lui fallait défendre et qu'il défendait dents, griffes, sabots, bec et ongles, jusqu'à la mort, s'il le fallait. Comme il n'est pas mort en service, je vous laisse imaginer, combien il a pu en écraser des adversaires de ses énormes idées pendant ses quelques trente années et plus de carrière! Non pas que Guy aimait avoir raison... Euh! En fait, oui, Guy aimait ça avoir raison!

Guy a terminé sa carrière comme docteur Barrette de la sécurité : à cette, époque, il travaillait sous la férule de Michel Giguère qui, à sa manière, était lui aussi une sorte de docteur Barrette et, pour Michel et la petite histoire, CF ne voulait pas dire centre fiscal, CF voulait plutôt dire **C**omté **F**édéral ou **C**aissepop **F**amiliale, selon la personne avec qui il était en communication téléphonique. Qui se tapait l'ouvrage du secteur de la sécurité, vous pensez? C'est pour ça que Guy est monté très haut dans ce domaine au sein de l'ARC et que Michel a stagné en finance et en politique régionales.

Il est bon de rappeler ici que le format «Docteur Barrette» est une pure invention shawiniganaise, qui fut plus tard copiée par le parti de la CAQ, puis volée par le parti libéral du Québec. Sur ce plan-là aussi, le CF de Shawinigan-Sud était une terre de pionniers et de précurseurs... Le moule doit s'être cassé après, puisque c'est le maigrichon Alain Beaudoin qui a succédé à Guy Gélinas. Vous me permettrez de continuer de croire que j'avais raison de me sentir plus en sécurité du temps du gros docteur Gélinas : au moins, en cas de danger, on pouvait se cacher derrière!

Mais Guy, c'est aussi le docteur Barrette de la générosité : quand il aime, il aime gros! Avant, pendant et après! Parlez-en à ses ex! Moi, j'ai eu l'occasion de côtoyer Guy du temps de nos sorties **«*Vendredis de semaine de paye*»** : aux deux semaines, il devenait mon chauffeur semi-privé : Claudine s'assoyait en avant; moi, derrière. Oui, je faisais un peu figure de chaperon. Gratuitement, Guy m'amenaient du Centre fiscal jusqu'au Bar de l'aréna, au Cap-de-la-Madeleine, où on prenait un coup solide en compagnie d'autres amis qui venaient nous y rejoindre; puis on reprenait la route, un peu «chaudasses», —je ne parle pas de Guy, sur qui l'alcool ne faisait pas plus d'effet que la controverse sur le docteur Barrette. On se rendait ainsi au salon de quilles, pour finir le tout au restaurant. Finalement, il me ramenait chez moi pour le même prix! C'était devenu un pèlerinage obligé et plaisant pour Guy, moi, Jocelyn, Alain, Louise, Linda l'Anglaise, Claudine, ses filles, et j'en oublie que je prie d'excuser mon Alzheimer. On a eu du plaisir ces soirées-là que c'est même pas «disable»! On en oubliait, pour un moment du moins, nos difficultés et problèmes respectifs de nos vies de couples respectives avec nos conjoints respectifs d'alors.

Guy, comme le docteur Barrette, est un bonhomme entier et entêté qui ne plie devant personne, qui ne recule devant personne ni aucune situation aussi difficile soit-elle, que rien ni personne ne peut ébranler, qui parle haut et fort mais qui, au fond, quand on le connait mieux, n'est qu'un gros nounours au cœur tendre, à la main généreuse, aimant la vie et tous les plaisirs qu'elle peut offrir. Moi, c'est de ce «docteur Barrette»-là, de ce Guy Gélinas-là dont je me souviendrai.

Aujourd'hui, Guy, tu prends ta retraite, laissant un trou béant, que dis-je, un canyon du Colorado béant à l'ARC. Amuse-toi bien et fais bien attention à ta santé, puisque le docteur Barrette, le vrai, le ministre de la santé, malgré tout le poids personnel qu'il y a mis, n'a pas encore réussi à régler le problème des médecins de famille!

Bonne retraite, mon cyclopéen et gargantuesque ami!

L'histoire de Tit-Jésus Gentès (Pierre)
(Décembre 1999)

L'évangile selon saint Luc

Plusieurs ont entrepris de relater l'histoire des événements qui se sont accomplis depuis la création de Direction 2000; j'ai donc cru bon moi aussi, après avoir diligemment enquêté sur toutes ces choses depuis leur origine, d'en rédiger un exposé suivi, afin que vous reconnaissiez tous la solidité des feuillets de renseignements aux fins d'impôt que vous avez reçus.

Mes frères, mes sœurs, au son de chaque clochette 🔔 vous direz avec moi : «*Seigneur Gentès, je ne suis pas digne de te recevoir, mais dis seulement une parole et je serai riche*».

L'annonce faite à Marie

L'ange Gabriel fut envoyé dans une ville de la Mauricie, à une vierge fiancée à Joseph Gentès. L'ange parla ainsi : «*Marie, tu enfanteras un fils et tu lui donneras le nom de Tit-Jésus; et ton fils régnera un jour sur le royaume de la Haute Finance.*» 🔔

Naissance et vie cachée de Tit-Jésus Gentès

En ce temps-là, un édit de la Banque du Canada prescrivit le recensement de tous les placements de la Terre. Ce recensement eut lieu avant le règne de Pietrus Eliotus Trudus. Et tous allaient se faire enregistrer, chacun dans la ville de sa banque natale. Joseph Gentès monta donc à la ville d'Ottawa pour y déclarer ses placements, avec Marie qui était enceinte.

Or, pendant qu'ils étaient à la banque, son terme arriva, et Marie Gentès mit au monde son fils premier-né. Elle l'emmaillota et le coucha dans un coffre de la banque, parce qu'il n'y avait pas de place pour eux à l'Hôtel de la Monnaie. Ils l'appelèrent Tit-Jésus.

Des mages vinrent lui offrir de l'or, de l'encens et de la myrrhe. Joseph Gentès jeta à la poubelle l'encens et la myrrhe, mais il conserva l'or pour le placer à 5% composé annuellement. ⚜

Généalogie de Ti-Jésus Gentès

Quand il commença son ministère, Tit-Jésus Gentès avait trente ans. Il était, à ce que l'on disait, fils de Bill Gates, qui était fils de Pierre Péladeau, qui était fils de Pierre Desmarais, qui était fils de Charles Bronfman, qui était fils d'Aristote Onassis, qui était fils de Crésus. ⚜

La fuite

Le procurateur d'Ottawa, Jeanus Chrétinus, ayant appris qu'un enfant deviendrait plus tard un plus grand Ministre des finances que lui, en conçut de la jalousie et le fit chercher pour le faire périr. Un ange apparut en songe à Joseph Gentès et lui dit : «*Lève-toi, prends l'enfant et sa mère et sauve-toi en Suisse ou au Liechtenstein pour y déposer ton or dans un compte anonyme.*» Et quand le danger fut passé, ils quittèrent leur abri fiscal et revinrent tous à Shawinigan. ⚜

Tit-Jésus Gentes à douze ans

Quand Tit-Jésus Gentès eut douze ans, ils montèrent à Ottawa, selon la coutume, pour la fête de Pâques. Et, lorsqu'après les jours de fête ils s'en retournèrent, l'enfant Tit-Jésus resta à Ottawa. Ils le cherchèrent et, ne le trouvant pas, ils retournèrent à Ottawa pour l'y chercher.

Au bout de trois jours, ils le retrouvèrent dans la banque, assis au milieu des banquiers et des docteurs en économie. Tous ceux qui l'entendaient étaient émerveillés de son habileté à faire fructifier les économies de son petit cochon. À sa vue, sa mère lui dit «*Que faites vous là Tit-Jésus? Votre père et moi vous cherchons tout angoissés.*» Il leur dit : «*Pourquoi me cherchez-vous? Ne savez-vous pas qu'il me faut commencer à brasser des affaires pour mon Père céleste?»* Ayant dit cela, il revint avec eux à Shawinigan.

Et le portefeuille de Tit-Jésus Gentès grandissait en taille et en valeurs mobilières; il devint coffret de sûreté, puis coffre à la banque, puis succursale Desjardins, rien de moins. ☖

Le premier miracle de Tit-Jésus Gentès

On célébrait alors une noce au Casino de Montréal. La mère de Tit-Jésus Gentès y était; Tit-Jésus et ses disciples y étaient aussi. Tout à coup, l'argent vint à manquer. La mère de Tit-Jésus lui dit: *«Ils n'ont plus d'argent.»* Tit-Jésus Gentès lui répondit : *«En quoi cela nous concerne-t-il? Je ne suis pas un guichet automatique.»* Sa mère dit alors aux joueurs : *«Faites ce qu'il vous dira.»* Or, il y avait là quelques poubelles vides; Tit-Jésus Gentès leur dit : *«Remplissez ces poubelles de papier.»* Ils remplirent les poubelles jusqu'au bord. *«Puisez maintenant et retournez jouer.»* Tit-Jésus Gentès venait de changer le papier en billets de deux dollars aussi vrais que ceux émis par la Banque du Canada. ☖

Baptême et destinée de Tit-Jésus Gentès

Tout le peuple se rendait à la Société Saint-Jean-Baptiste pour se faire baptiser. Tit-Jésus Gentès y alla aussi et, pendant qu'il comptait son argent en attendant son tour, le ciel s'ouvrit. Une voix se fit entendre : *«Tit-Jésus Gentès, tu es mon fils bien-aimé; sur toi reposent toutes mes économies.»* Cette voix dit encore : *«Tit-Jésus Gentès, tu es aussi Pierre, et sur cette pierre tu bâtiras Direction 2000.»* ☖

La tentation au désert

Tit-Jésus Gentès fut conduit au désert afin d'y être tenté par le diable. Le tentateur s'approcha de lui : *«Si tu es aussi fort qu'on le dit, ordonne que ces pierres sur le sol se changent en «pitounes» de bingo.»* *«Vade retro satanas!»*, lui répondit en latin Tit-Jésus Gentès, *«Ne sais-tu pas qu'il est écrit que nul ne ressuscitera s'il joue aux jeux de Lazare?»*

Aussitôt, Satan s'enfuit; Tit-Jésus Gentès fut alors transporté à la Bourse de Montréal par ses anges gardiens de la Brink's où, pendant 40 jours et 40 nuits, il investit de l'argent, avec profit, dans des fonds mutuels équilibrés. ⌁

Tit-Jésus Gentès commence à prêcher

Tit-Jésus Gentès parcourait tout le Centre fiscal, enseignant près du guichet automatique, prêchant la bonne nouvelle du Royaume de Direction 2000, enrichissant les pauvres parmi le personnel. Sa renommée se répandit au-delà du mail et même, au-delà du rez-de-chaussée. ⌁

Tit-Jésus Gentès lance son appel

«Venez à moi vous tous du Centre fiscal qui peinez pour si peu de profit, et je vous donnerai gloire et fortune car je suis habile à la bourse et en transactions de tous genres. D'ailleurs, voici ma carte.» ⌁

La parabole des cruches

«Le Royaume de Direction 2000 est semblable à une cave. Dans cette cave n'entre que des cruches pleines. Nulle cruche vide n'entre dans cette cave. Mais les cruches vides qui auront cru en moi, je les remplirai et alors ces cruches accéderont à la cave du Royaume de Direction 2000.» Ainsi parlait Tit-Jésus Gentès à ses disciples. ⌁

Promesse du centuple

Un CR.02 s'avança vers Tit-Jésus Gentès et lui dit : *«J'ai peu d'argent mais j'investis dans Direction 2000.»* Devant tant de foi, Tit-Jésus Gentès déclara : *«Je vous le dis en vérité, il n'est personne ici qui recevra moins que 10% composé annuellement. Beaucoup de pauvres*

CR-02 deviendront riches et beaucoup de riches PM-02 deviendront encore plus riches.» ☖

Choix des cinq apôtres.

En ces jours-là, Tit-Jésus Gentès se rendit sur la terrasse du Centre fiscal pour prier. Au point du jour, il appela ses disciples, et il en choisit cinq auxquels il donna le nom d'apôtres du Conseil d'administration : il choisit Francine Lebel (la femme forte de l'évangile), Suzanne Hamel, que Tit-Jésus Gentès avait recueilli par charité puisqu'elle ne sait rien faire; il choisit aussi Michel Giguère qui était tombé dans une caisse populaire quand il était petit; André (Judas) Laporte, le trésorier, qui n'a jamais trahi la confiance que Tit-Jésus Gentès avait mise en lui, du moins pas encore; et Alain Beaudoin, dit Thomas l'incrédule, un expert capable d'identifier les trous dans les états financiers avec ses doigts. ☖

Guérison d'un paralytique

Tit-Jésus Gentès et ses disciples passaient ce jour-là devant la Bourse de Montréal. Ils virent, couchés sur le parvis de la Bourse, un pauvre investisseur paralysé qui lui dit : «*Seigneur, depuis dix ans je veux entrer dans ce paradis et investir cinq dollars mais la peur du ridicule me paralyse.*» Tit-Jésus Gentès dit : «*Lève-toi, prends ton courage à deux mains, ton 5$ de l'autre, et vas-y.*» Il se leva et entra dans l'immeuble de la Bourse. Il en ressortit multimillionnaire. Voyant la guérison du pauvre paralytique, la foule fut saisie de crainte et d'admiration. ☖

Différence entre dire et faire

Il ne suffit pas de dire : «*Seigneur, Seigneur, c'est en ton nom que nous avons fait de nombreux placements et nous avons fait faillite.*» Car, je leur déclarerai : «*Avez-vous adhéré à Direction 2000? Non! Alors, je ne vous ai jamais connus; écartez-vous de moi.*»

Ainsi parlait Tit-Jésus Gentès, du haut de la roche sur le mail du Centre fiscal. Beaucoup l'entendirent et le suivirent. ⌘

Le tribut à César

Des disciples malintentionnés s'approchèrent de Tit-Jésus Gentès: «*Maître, devons-nous payer l'impôt à Revenu Canada?*» Mais Tit-Jésus Gentès, connaissant leur hypocrisie, leur répondit : «*Pourquoi voulez-vous me tendre un piège? Ne savez-vous pas que je travaille à Revenu Canada? Rendez donc à Revenu Canada ce qui appartient à Revenu Canada.*» ⌘

Les béatitudes

«*Bienheureux les pauvres CR-02, car je les enrichirai avec des placements sûrs*»;

«*Bienheureux les sans-abri, car je leur réserve les meilleurs abris fiscaux*»;

«*Bienheureux les membres de Direction 2000, car ils connaîtront la richesse de mon Royaume*»;

«*Bienheureux les investisseurs affamés, car je convoquerai pour eux des réunions annuelles avec buffet froid*».⌘

Le miracle de la multiplication des pains

Les apôtres du Conseil d'administration, comme il était coutume une fois par année, racontèrent à Tit-Jésus Gentès, tout ce qu'ils avaient fait. Il les prit avec lui, et se retira à la salle 3A-3B. La foule des investisseurs l'apprit et le suivit; Tit-Jésus Gentès les accueillit, et leur parla du Royaume de la finance. La foule l'écouta avec beaucoup d'intérêt. Le jour, cependant, commençait à baisser, et les cinq apôtres vinrent lui dire : «*Ces gens ont faim et il ne reste que trois sandwiches aux œufs et deux cornichons à l'aneth.*» Tit-Jésus Gentès leur dit: «*Faites-les asseoir.*» ⌘

Ce qui fut fait. Alors Tit-Jésus Gentès pris les trois sandwiches aux œufs et les deux cornichons à l'aneth, les rompit et les donna aux apôtres de son Conseil d'administration pour les servir à la foule. Tous mangèrent et furent rassasiés, et l'on recueillit même les morceaux qui restaient dans douze «doggy bags» que le disciple André Plante voulut rapporter chez lui. Mais la résolution fut battue par une voix. Et chaque année, à la même époque, Tit-Jésus Gentès refit ce miracle. ⚜

La parabole de l'arbre et de ses fruits.

Tit-Jésus Gentès parlait ainsi à la foule : «*Gardez-vous des faux financiers qui viennent à vous vêtus de beaux habits mais qui au-dedans sont des loups. Cueille-t-on des raisins sur un buisson d'épines? Ainsi tout bon placement produit de bons usufruits, mais le mauvais placement en produit de mauvais. Un bon placement ne peut pas porter de mauvais usufruits, ni un placement mauvais porter de bons usufruits. Tout placement qui ne produit pas un bon usufruit, on le rejette. Ainsi donc, c'est à leurs usufruits que vous les reconnaîtrez.* »

Comme la foule ne comprenait pas ce langage, le disciple Gilles Poitras demanda un ajournement de 15 minutes, histoire de soigner les nombreux saignements de nez et d'oreilles, proposition secondée par le disciple Robert Alarie. ⚜

Tit-Jésus Gentès prédit sa passion

Comme tous étaient dans l'admiration de ce qu'il disait et faisait, Tit-Jésus Gentès dit à ses disciples investisseurs : «*Je vous le dis en vérité, ma retraite sera un chemin de croix et un long calvaire, car moi aussi, un jour, je serai en crisse lorsqu'on me livrera des chèques de pension dont les montants ridicules me flagelleront, me crucifieront, me transperceront et me feront mourir.*» ⚜

La dernière Cène

L'année suivante, avec l'aimable autorisation du sanhédrin du Centre fiscal dont Denis «Caïphas» Gélinas était le Grand Prêtre, les apôtres de Direction 2000 étaient encore une fois réunis et Tit-Jésus Gentès était avec eux. Il prit un pain, le rompit, le montra à ses apôtres et dit : «*Insérez un mélange d'œufs et de mayonnaise entre ces deux morceaux de pain et vous obtiendrez un sandwich aux œufs. Faites ceci en mémoire de moi.*»

Les apôtres baissèrent la tête, fermèrent les yeux et méditèrent la profondeur de ces paroles. Pendant qu'ils se recueillaient ainsi, Tit-Jésus Gentès prit le vingt (20), et d'un geste rapide, le fit disparaître dans sa poche. Lorsque les disciples relevèrent la tête et virent que l'argent avait disparu, ils constatèrent qu'un nouveau prodige venait de se produire devant eux. Judas Laporte, qui ne s'était recueilli que d'un œil, savait lui que ses prochains états financiers montreraient des trous qui feraient le bonheur des doigts de l'apôtre Alain dit Thomas. 🔔

La résurrection

Le 27 décembre 1999, à la troisième heure, dans un ciel assombri par la fumée de cigarette, Direction 2000 fut mis à mort conformément aux prophéties mentionnées dans les saintes écritures de sa Charte. Trois jours après qu'elle eut été mise à mort, Tit-Jésus Gentès, toujours miraculeusement désireux de porter cette lourde croix, ressuscita Direction 2007.

Hélas! Beaucoup de disciples de Tit-Jésus Gentès le renieront et le trahiront, préférant empocher leurs 30 pièces d'argent et s'en aller se faire pendre ailleurs; mais beaucoup le suivront encore et le verront accomplir d'autres miracles financiers et ce, jusqu'à ce que les temps prévus par la nouvelle charte de Direction 2007 soient accomplis. 🔔

Amen !

Michel Giguère (Février 2009)

Michel Giguère a longtemps été, de la Sécurité, le gestionnaire
À ce titre, il avait la lourde responsabilité, tel un père
De protéger les bâtisses, les biens et les fonctionnaires
Puis un jour survint une période de contraintes monétaires
Qui l'obligea à prendre quelques décisions dures et austères
Certaines ont tout de même étonné par leur étrange caractère
Voici donc les actions draconiennes prises alors par M. Giguère
Pour sauver des sous tout en prétendant garder le CF sécuritaire

Un : diminuer à près de zéro le nombre de commissionnaires
Deux : confier la sécurité à Alain Beaudoin, alias Swarzennegger!
Ne riez pas! Un été, il vous aurait fallu le «vouère» pour le «crère»
Quand Alain, chemises courtes, bermudas, et poils menaçants à l'air
Dut évincer du CFSH un individu louche aux intentions pas claires
Alain, ainsi accoutré, agita si bien tous ses poils musculaires
Qu'il paraît que le gars a vite déguerpi, sans regarder en arrière
Et qu'il en rit encore quand il raconte cette histoire à son beau-frère

Puis survint à l'ARC, un incident de sécurité grave, sévère
Qui fit réfléchir sur les faibles moyens mis en place hier
Et surtout sur comment, de la une de La Presse, ne plus faire
Michel réengagea donc plus et encore plus de factionnaires
Cette fois-ci, on affecta Benoit Séguin qui, à lui seul, peut cacher derrière
De cinq à six Alain Beaudoin ben tassés faisant la cuillère
Vous admettrez avec moi que cela est rassurant en pépère!
Et, un Séguin pour un Beaudoin, paraît que ça ne coûte pas plus cher!

Certaines personnes, et je parle ici de collègues, d'amis, de confrères
Laissent à entendre que Michel, tout au long de sa carrière
Aurait été enclin, eu tendance à privilégier son rôle secondaire
D'administrateur d'une certaine pas lointaine caisse populaire

Et que, ce faisant, il gagnait plus d'argent avec les intérêts de ses réers
Qu'avec le montant net de sa rémunération régulière
Tout faux! Michel me l'a lui-même affirmé; et il semblait sincère
Quand il m'a remis les cent dollars promis pour me taire!

Que dire, qu'ajouter de plus sur ce personnage extraordinaire?
Qu'il devenait rouge comme une tomate et près d'une syncope vasculaire
Quand le Canadien était battu par les Nordiques, leurs mortels adversaires
Qu'il était d'un rouge libéral inconditionnel, vouant même le PQ aux enfers
Et que sur cela, hockey et politique, jamais Michel n'hésitait à croiser le fer
Prenant, consécutives, deux pauses, trois, quatre, si nécessaire
Et qui le défiait, le voyait tourner du rouge pâle à l'écarlate de colère
Puis lâchait prise, de crainte de lui voir péter, du cou, les artères.

Depuis la régionalisation des services, nous ne le voyions plus guère
Les mauvaises langues diront qu'on ne le voyait pas plus naguère...
Michel, hé oui!, travaillait encore et toujours pour la même galère
Dis, Michel, on n'a pas très bien compris ta stratégie de carrière
Qui consiste à rester plus des trente-cinq années réglementaires
Tes placements, ont-ils été à ce point affectés par la récession financière
Qu'il t'a fallu sacrifier quelque deux années de retraite entières?
Ou est-ce ta femme, pas prête du tout qui, sans le dire, bloquait ton transfert?

L'été, désormais, penché, agenouillé dans tes plantations maraîchères
Semant et arrosant des graines, creusant et sarclant des ornières
Tu penseras au passé, à tout ce que tu as fait et dont tu es si fier :
Membre, président, puis parrain du Club social, à titre honoraire
Impliqué au CF de Shawinigan-Sud dans toutes sortes d'affaires
Michel, pendant que ta femme et toi dégusterez «vos» légumes l'hiver
Nous, nous continuerons de braver, de cette saison-là, le long calvaire
Nous disant, qu'au chaud, il doit être bien en «calvanâsse» le gros Giguère!

Bonne, longue et prospère retraite, monsieur le pensionnaire!

Carole Hardy (Décembre 2001)

Oui, Carole, ta carrière est bien finie
Plus de trente ans de travail, ça suffit!
Cotisation initiale par-là, Statistique-Canada par-ci
Chaque année, toujours le même monde, les mêmes défis
Ton personnel, lui, se disait : «Misère, encore la Hardy!»

Au bureau, Carole, ce n'était pas n'importe qui
Elle a eu à gérer pendant presque toute sa vie
Un pipeline, pareil comme les arabes d'Arabie
Avec ça eux autres, ils sont devenus riches en maudit!
Carole, elle, s'en va aussi pauvre qu'à son premier lundi!

Aurait-elle géré ses finances comme un apprenti?
Aurait-elle, dans des placements douteux, mal investi?
Non, et voyez comme elle en a honte aujourd'hui
Ce sont les «gratteux», les loteries
Et les vidéo pokers qui lui ont beaucoup pris!

Mais, rassurez-vous, car Carole s'est repentie
Elle est maintenant sage comme une image de Marie
Pour éviter les tentations, elle se rend à un endroit bien précis
Très loin, là où la civilisation et le jeu sont abolis :
Où ça, vous pensez? Dans son camp en préfini!

Mais cela n'empêche pas Carole d'être bien nantie
En proches, en camarades, en copains, en amis
Qui, pour bien lui montrer leur sympathie
Et lui faire savoir à quel point ils l'apprécient
N'ont trouvé rien d'autre à faire, toute l'année, que mille conneries!

Moi, Carole, vois comme je suis gentil!
Pas de blagues, pas de coups bas, pas de menteries
Juste des mots qui sonnent, des mots bien choisis
Et, pour montrer combien je t'apprécie
Voici un bon conseil : tu pars à la retraite... restes-y!

Car ton équipe, maintes fois m'a dit et redit :
«Nous aimerions que Carole prenne au sérieux cet avis
Ce n'est pas parce qu'on lui a fait quelques niaiseries
Qu'elle doit nous en faire une aussi
Elle s'en va, qu'elle reste donc partie!»

Bonne retraite, Carole Hardy!

La complainte de Carole Hardy (2)
(Sur l'air de : *Le phoque en Alaska* de Beau Dommage)
(Le refrain fut chanté par toutes les personnes présentes)

Cré-moé, cré-moé pas
Carole Hardy s'en va
Une carrière, ça passe vite en maudit!
Quelques années à faire ci
Quelques années à faire ça
Puis voilà, tu t'en vas aujourd'hui

Refrain : Ça nous fait de la peine
De perdre quelqu'un qu'on aime
Avec qui on a vécu
Des moments si heureux
Ça ne dure pas longtemps
Ça finit brusquement
Mais écoute-nous Carole
On ne t'oubliera jamais, ou-ou-ou...

Tu as fait du chemin
Depuis début '80
Te voilà rendue à la retraite
Plus de cotisation
Ni de recensement
Oui, tu vas nous manquer énormément
Refrain

Jacques Houle (Janvier 2004)

Avant que l'alcool et la bière, tous, nous saoule
J'ai pensé devoir révéler tes secrets à la foule
Et, avant que trop doucement tu te la coules
Faire connaître ce que tu caches sous ton air cool

En fait, qui est-il vraiment ce Jacques Houle?
Juste un ancien professeur de «high school»?
Un simple employé, formé au même moule
Que vous et moi, les Pierre, Jean, Jacq... euh! Raoul?

Tout jeune, Jacques était gentil, mais un peu bouboule
Ses acteurs préférés étaient : Douglas, Kirk, et Brenner, Yul
Et il avait pour héros le Capitaine Bonhomme et le pirate Maboule
Comment expliquer alors ses jeux sexuels préférés : le fouet et la cagoule?
Mais, voici un tas de bonnes idées qui déboulent
Retraité, tu pourras jouer aux quilles, à la pétanque et au pool
Ou aller au club voir danser Ingrid et Brenda, deux p'tites poules :
Jacques aime tellement les jeux de boules!

Ou voyage! Cent capitales t'attendent : Rome, Paris, Kaboul
Berlin, Madrid, Londres, Istanbul
Paris, Hong-Kong, Pékin, Tokyo, Séoul
Washington, Ottawa, quoi d'autre, euh... Notre-Dame-de-la-Braoule?

Encore bien mieux : reste à la maison avec ton amie et roucoule
Prépare-lui un souper d'amoureux : un bon steak et semoule
Bien arrosé; ajoute quelques baisers et tu la tourneboules!
Mais n'oublie pas, une demi-heure avant, ton viagra en ampoule!

Et pendant que le monde, sous le rire croule
Laisse-moi te souhaiter, sincèrement : «Bonne retraite, Jacques Houle!»

John A. MacDonald (Décembre 1997)

Je commence en anglais, bien sûr!

Tonight, I am very pleased to try to say that John **has been**... At the present moment, how could I explain that John got to **has been**... Right now, could I say how much I am concerned that John **has been**... Tabarnouche! Pas moyen de faire une phrase en anglais qui a de l'allure! Pis moi qui sors tout juste d'une info-lunch!!!

Ce que j'essayais de dire en anglais, c'est que John A. MacDonald, à partir du 12 décembre, deviendra un **has been**... Ah! Vous aviez tous compris! Finalement, mon «oral speaking», il n'est pas si mal!

En tout cas, félicitations, John! Comme has been et comme professeur d'anglais... Comme professeur d'anglais, John avait sa propre méthode.

Exemple : parmi ses trucs pédagogiques préférés, il y avait les annotations au stylo rouge. Vous lui soumettiez une phrase par écrit, une seule, toute courte, toute simple, elle vous revenait remplie de commentaires de toutes sortes : fautes, erreurs, maladresses, tout était raturé, bariolé, commenté en rouge pétant. Comme les rejets de la revue de la qualité dans un temps pas si lointain.

La deuxième fois, vous vous appliquiez pour impressionner John; vous croyiez avoir fait mieux... Votre copie revenait plus rouge encore que la première fois! La troisième fois, pour «faire sûr», vous n'utilisez que des mots, expressions et phrases tirées de documents anglais, du dictionnaire Webster même! John rougissait votre copie de corrections, démolissant les phrases tirées des documents anglais consultés et même les extraits provenant du dictionnaire Webster!

Vous croyez que j'exagère? Voici trois cas pathétiques : annotés abondamment par John. Soit dit en passant, les noms de Denise Villemure, de Robert Alarie et de Luc Granger ont été masqués pour préserver leur anonymat. Ces trois élèves-mystère ont délaissés l'anglais pour le chinois... belle réussite John! (Malheureusement, les 3 copies en question ne pourront être déposées en preuve car elles n'ont pu être retrouvées.)

Avant d'être un professeur d'anglais, John est un homme, un homme à problèmes : il en cause aux autres parce qu'il en a lui-même de sérieux! J'ai pu mettre la main sur un profil psychologique hautement confidentiel. Son psy m'a demandé la discrétion absolue; je vous demande donc de n'en parler à personne!

John est un souillon. Il aime le désordre. Vous ne le saviez pas? Son bureau est un fouillis, tout y est entassé pêle-mêle. Et ne lui suggérez surtout pas d'y mettre de l'ordre : il vous jette un de ces regards... Ce sont ses parents qui l'auraient obligé très jeune à faire son ménage de chambre. Depuis qu'il s'est émancipé, John vit une crise d'adolescent refoulée, record Guinness, depuis sa plus tendre enfance.

John est une Guilda. Il faut le comprendre. Pas tout à fait anglo, pas tout à fait franco... Comme anglais, il n'est pas tout à fait «american», pas tout à fait «england» non plus... Sa nationalité? Pas tout à fait canadienne, pas tout à fait québécoise... Les questions «qui suis-je? et «pour qui te prends-tu?» sont extrêmement difficiles à répondre pour John qui ne s'en sort jamais sans un sérieux traumatisme crânien.

John est un «bocké». J'ai observé ce spécimen sur une assez longue période de sa vie : son entêtement, la couleur verte qu'il arbore un certain jour de l'année et seulement celui-là, le fait qu'il ne mange que des Lucky Charms au déjeuner me laisse croire qu'il souffre d'un mal profond et incurable : c'est un Irlandais!

Voilà pour les défauts de l'homme.

J'aimerais maintenant vous parler de ses qualités, car John en a, c'est sûr! Vous ne le saviez pas? C'est normal, il les garde pour lui! Je vais quand même vous en dévoiler quelques-unes.

Pardon... Madame l'organisatrice? Quoi donc? On n'a pas le temps! Dommage! Il en a tellement de belles qualités, John!

Now, for the benefit of our English friends and people of other cultural communities, who might be afraid by the consequences of John's separation with de Taxation Center, don't worry, stay calm, don't sell your house right now. In this particular case we are facing tonight, both sides told me they were extremely satisfied by the agreement. And I can assure you that nobody will suffer of this partition. «Nobody at all»!

À ce moment-ci, partant du principe que les bons comptes font les bons amis, je me dois de rendre à John ce qui lu appartient. Lorsque je me suis inscrit aux «info-lunch meetings», John m'a fait parvenir un questionnaire portant sur mes intérêts pour des sujets en particulier, des «topics» comme il disait. Et, sous prétexte que, curieux sur beaucoup de choses, j'avais coché presque tous les sujets de sa liste, il m'a fait parvenir un tonne de documents sur ceux-ci.

Ce soir, John, tu ne partiras pas avant de reprendre, et je le fais au nom de toutes tes victimes, tous les documents que tu m'as prêtés pour lecture. Messieurs, mesdames, SVP...

«Cinq boites de documents d'un pied cube chacune sont déposées sur la table d'honneur, juste devant John»

Voilà John MacDonald, nous sommes quittes!

John, pour ton dévouement, pour ton honnêteté, pour ta franchise, pour ton sens de l'humour aussi, thank you so much! I wish for you a happy and healthy retirement.

Comme au Québec, tout finit par une chanson, en voici une concoctée pour toi et interprétée par Gilles Bergeron et le Chœur du Centre fiscal de Shawinigan-Sud, si le cœur lui en dit, évidement!

Bonne retraite, Master John!

Goodbye, farewell John A. MacDonald

(Sur l'air de *Adieu, monsieur le professeur*, d'Hugues Aufray)

(1ᵉʳ paragraphe inédit)

Tes étudiants font une farandole
Toi, le vieux maître, tu es ému
Demain, tu vas quitter ta chère école
Et dans cette classe, n'entreras plus…

Goodbye, farewell, John MacDonald
We'll never ever forget you
Thanks for all you have done for us
Your time has come, the class is over

You've worked so hard, you've made it well
Look at your harvest all around
Be simply proud and lend an ear
This english song is sung just for you

Adieu, monsieur le professeur
Nous ne vous oublierons jamais
Thanks for all you have done for us
Your time has come, the class is over

Because of your tenacity
Clients know now what we are talking about
In simple words, we thank you John
And hope that we can meet again

Adieu, monsieur le professeur…

Guy Marcouiller (Septembre 2010)

Dans les dernières années de sa carrière, Guy Marcouiller était reconnu comme l'homme fort des compétences au CFSH. Personnellement, je l'ai vu dans plusieurs pause-café tenir à bout de bras, tout l'édifice des compétences de l'Agence et défendre, seul, bec et ongles sortis, l'importance et la crédibilité du système de gestion des RH basé sur les compétences auprès de hordes de collègues incrédules, récalcitrants et disons-le délibérément provocateurs. Guy était une sorte d'Atlas soutenant le monde des compétences sur ses épaules. On comprend pourquoi il a les reins si fragiles...

J'aime bien mon analogie de Guy l'homme fort des compétences, mais en vérité, je vous le dis, Guy était beaucoup plus que cela : en fait, il était le prophète des compétences, une sorte de Moïse sauvé des O...&A (Observation-Attestation). Voici un survol de l'histoire extraordinaire de Guy-Moïse, le sauveur et le gardien des saintes compétences.

Avant qu'il ait reçu sa révélation qui changea sa destinée, le Guy ado affichait des comportements répréhensibles de pécheur impénitent : luxure, beuveries, danses lascives, accoutrements vestimentaires disgracieux, etc. En effet, il fut un temps où Guy s'épivardait 4 jours sur 7 sur le plancher de danse de la Plage Idéale du Lac-à-la-Tortue; pire encore, il se costumait chaque mardi en jeune tyrolien libidineux et se pavanait ainsi accoutré durant les torrides et très arrosées soirées bavaroises tenues à ce même endroit. À une autre époque, il a été serveur de boissons maudites dans un lieu de perdition appelé la brasserie La Bretèche, y répandant le liquide diabolique et y semant la dépravation.

On l'a aussi vu, en quelques occasions, se travestir en public en femme «violette», assoyant même son viril postérieur sur les genoux d'un autre homme! Comme c'est laid! Comme c'est triste, comme c'est laid... et comme on est loin des vraies compétences!

Mais un jour, Guy monta vers Montréal, la Jérusalem des compétences et, lorsqu'il redescendit du mont Royal, il revenait investi d'une mission divine pour laquelle il allait consacrer les dernières années de sa carrière. Il proclamerait dorénavant auprès de son peuple la sainte parole des nouvelles compétences. Il rapportait de sa rencontre avec Dieu le père régional, non pas les tables des dix commandements mais, plutôt, les tables des 9 compétences attestables et transférables. Guy s'était transfiguré en Guy-Moïse!

Guy-Moïse commença donc sa croisade. Dieu lui avait dit qu'il serait difficile de modifier chez son peuple des comportements et des habitudes de longue date et ancrées si profondément dans l'inconscient collectif. Guy-Moïse savait aussi que cela prendrait du temps et qu'il ne verrait peut-être pas la terre promise de son vivant... Beaucoup dans les équipes qu'il rencontrait préféraient continuer d'adorer le veau d'or ancestral des anciennes compétences démodées plutôt que le dieu des nouvelles compétences qu'il venait leur enseigner.

Il comprenait ces âmes simples, car cela impliquait pour eux tellement de comportements différents et difficiles à acquérir et un travail intérieur de tous les instants. En effet, selon les préceptes des nouvelles compétences, on ne pouvait plus seulement parler ou converser; non, il faillait maintenant communiquer interactivement et efficacement. On ne pouvait plus seulement penser ou réfléchir... non, il fallait dorénavant raisonner analytiquement; on ne formait plus quelqu'un, maintenant on développait l'autre, etc.

Pendant un long moment, il semblait à Guy-Moïse que son peuple restait sourd à ses enseignements et qu'il prêchait dans le désert! Il y eut même un moment où Guy-Moïse douta du bien-fondé de sa mission : en effet, on le flagellait d'insultes telles que : «Ti-Guy, tu dis que tes compétences sont attestables, nous on les trouve détestables!».

On le crucifiait sur la place publique. Dieu le fils-directeur lui-même semblait l'avoir abandonné...

Partout dans son diocèse on négligeait les bons comportements... Guy-Moïse dénonçait cet état de fait qui annonçait les pires catastrophes, mais en vain! Il choquait, il irritait, il exaspérait; on le prit en grippe : Guy-Moïse fut forcé d'abandonner sa sainte mission et fut rétrogradé simple chef d'équipe au RTT1 (Revue du traitement T1).

Sa traversée du désert et son calvaire dureront 40 jours!

Les 40 jours suffirent pour que, tel qu'il l'avait prédit, le peuple du CFSH tombe en disgrâce... Il fallut bien constater l'ampleur des dégâts : les statistiques de l'église du CFSH étaient désastreuses; elle était devenue une sorte de Sodome et Gomorrhe aux yeux de Dieu le père régional! Devant l'état de perversion qui sévissait, on vint, à genoux, prier Guy-Moïse de reprendre sa mission et de transmettre à nouveau son enseignement des saintes compétences à l'ensemble des disciples du CFSH.

Mieux que le prophète qui entra dans Jérusalem en «Triumph» seulement,, Guy-Moïse, lui, entra, ce jour-là, dans la salle 2A en Triumph et en MG (Management Group). C'est dire à quel point, avec lui, on était en voiture! Jamais Guy-Moïse ne fut plus heureux que durant cette période où tous venaient le consulter sur les compétences; où tous, à part quelques rares opposants, croyaient en lui et buvaient religieusement ses paroles. Chaque jour de la semaine, son église se remplissait de fidèles venus l'entendre. On s'émerveillait de sa compétence à transmettre son savoir.

On le vit faire un sermon sur la montagne resté célèbre : «Heureux ceux qui vivent selon les saintes compétences, le Royaume des promotions est à eux!» «Nul ne sera sauvé ici bas à moins qu'il n'acquiert ses compétences de bases avant le end state.» «Au jugement dernier, Dieu choisira parmi ses brebis celles qui auront dans leur portfolio les compétences requises aux niveaux requis; les autres seront ignorées et vouées aux souffrances éternelles des postes subalternes.»

On attribua à Guy-Moïse le miracle de la multiplication des conversions aux compétences et celui, plus merveilleux encore, de l'atteinte des quotas du end state. Dieu le fils directeur était content... Alléluia!

Guy-Moïse confessait les chefs d'équipe lors des revues des attestations; condamnant certains à des pénitences, comme recommencer une fois, dix fois, cent fois leurs attestations ou donnant l'absolution à ceux qui, eux, l'avaient écouté attentivement. C'est ainsi que, progressivement, il vit que son enseignement portait fruit. Comme il était heureux! Alléluia!

Nous, les F/C, c'est-à-dire les Frères et sœurs en Compétences, nous, ses plus proches disciples réunis ici pour lui faire ce témoignage, n'oublierons jamais la grâce qui nous fut donnée de rencontrer Guy-Moïse sur notre chemin, de le côtoyer chaque jour, de briller dans sa lumière et de partager une parcelle de sa mission divine. Pour toute l'aide et le support qu'il nous a prodigués dans notre sacerdoce naissant et surtout lors des ateliers ACC («Atelier de compréhension des compétences» qu'on appelait entre nous les Ateliers «Crois aux compétences»). Ah! Comme nous lui sommes reconnaissants. Alléluia!

Guy-Moïse était pour nous un modèle à imiter mais, nous nous l'avouions humblement, un idéal inatteignable! Même après une année passée en sa compagnie, nous nous considérions encore comme de pâles copies de sa sainte image. Il fallait entendre ses homélies sur les compétences et avec quelle ferveur et avec quelle fougue il multipliait les conseils et les phrases-choc telles que :

«Quand tu lis une compétence, lis-la telle qu'elle est écrite car, ce qui est écrit sur les compétences est sacré : que nul ne touche jamais à une seule virgule des saintes compétences ou, alors, qu'il brûle éternellement en enfer!»

«Calvanasse, ma fille, disait-il après un ACC quand tu constates qu'une de tes brebis a présenté un bon exemple, et que là on est d'dans par-dessus la tête, je te le dis en vérité, il faut que tu cannes ta compétence et que tu passes à une autre brebis car, n'oublie pas, le temps t'est compté, et elles sont nombreuses les brebis qui ont besoin de toi.»

«Vous savez, moi qui ai longtemps fréquenté la sainte université, je peux vous faire bénéficier de pleins d'enseignements comme, – Je vous l'ai-tu déjà conté? – vous expliquer 20 fois ce qu'est une attribution externe, une courbe normale de population ou les besoins fondamentaux de Maslow…»

Dans le cadre de notre toute première co-animation d'un ACC, afin de développer notre autonomie, on devait faire nos preuves devant le maître lui-même… Comme c'était notre initiation, nous étions nerveux et nous craignions son jugement avisé mais sévère… Je me souviens de ma première prédication… Paternel et attentif, Guy-Moïse, m'a laissé lire la définition de la compétence puis, interprétant une très, mais très légère pause comme un silence désespéré et un appel à l'aide, il s'est mis à parler, à livrer toutes les informations et les exemples que j'avais préparés laborieusement, répétés toute la nuit et que je m'apprêtais à donner et là, plus rien ne pouvait plus l'arrêter…

Dans ces occasions, Guy-Moïse tombait comme en transe. Puis, tout à coup, comme surgissant de l'au-delà, réalisant qu'il nous avait botché notre présentation, il disait, désireux de se rattraper : «Voilà, je me tais… Toi, qu'est-ce que t'en penses?» Il nous avait littéralement volé le show d'un bout à l'autre ne nous laissant que des miettes dont il fallait nous contenter. Ça nous mettait en «chriss»… mais, malgré tout, comment en vouloir au maître puisqu'il ne voulait que notre bien…

Et puis, son enseignement était si éblouissant de clarté et… comme on voulait lui ressembler! Après plusieurs ACC pendant lesquelles nous n'avions pu placer que quelques mots, Guy-Moïse, généreux, commentait ainsi notre performance : «Félicitations fi-fille, aujourd'hui tu as fait des progrès...»

Guy-Moïse a été notre mentor à tous ici en matière de compétences. Il nous a enseigné les compétences, expliqué notre rôle d'animateur, il nous a guidés, coachés, conseillés, calibrés, évalués, accompagnés, épaulés, tenus par la main et, encore aujourd'hui, puisqu'il connaît bien nos faiblesses humaines et qu'il nous les pardonne, et il se fait toujours un plaisir de partager son opinion et de répondre à nos questions. Qu'aurait-on fait sans lui? Que fera-t-on sans lui?

Tout comme Jésus et ses apôtres, nous voici aujourd'hui attablés pour la dernière cène : je sais que ce soir, pour son dernier repas pris avec ses disciples, Guy-Moïse nous invite à une sorte de communion : enfin nous goûterons aux hosties de galettes que lui prépare depuis toujours sa blonde et que lui seul, jusqu'à aujourd'hui se jugeait digne de recevoir, puisqu'il n'a jamais voulu les partager avec qui que ce soit.

Guy : ton ministère se termine bientôt... messie beaucoup... pardon! merci beaucoup de ta générosité et pour toutes les belles choses que tu nous as enseignées. Sois bienheureux au firmament de la retraite et surtout, continue à démontrer les saintes compétences qui ont fait ton renom et ta gloire ici-bas.

Au nom du permanent, du fiscal et du saint esprit de collaboration :

Amen!

Tes Frères et Sœurs en Compétences

Daniel Martineau (Septembre 2000)

Si t'étais un oiseau, tu serais un paon!
L'apparence pour toi, c'est important
Sur John Travolta te modelant
Depuis que tu es adolescent
Ton corps, ton habillement
Te préoccupent constamment
Tu te crois élégant
Je préfère, d'autres également
Te qualifier, tel l'oiseau cité avant
D'orgueilleux, quand tu vas te pavanant!

Ah! Comme tu serais content!
Si tu pouvais, tout le temps
Te promener sans vêtements
Te pavaner devant les gens
Faire le frais en leur montrant
Tes muscles impressionnants
Tout d'abord, à tes collègues bedonnants
Pour les écœurer évidemment
Mais aux filles particulièrement
Pour les épater «fierpètement»!

Daniel, tu ressembles à l'orang-outang
Comme lui, d'une job à l'autre sautant
Jamais capable de rester longtemps
Assis tranquille sur le même banc
De stagiaire, dans les premiers temps
Tu devins pour un moment
Un conseiller en RH, genre achalant
Puis, la Défense nationale te voulant
On t'y expédia, nous, tout contents
D'être débarrassés pendant dix ans!

Puis, de loin, comme c'était amusant
De suivre ton sinueux cheminement
Nous nous disions, en nous moquant

Que même une girouette, sans vent
S'arrête au moins quelques instants
Ne voilà tu pas qu'un jour «Pan!»
Après un séjour à Pêches et Océans
Où on te croyait muté éternellement
Tu nous reviens, sans avertissement!
Oh! Que nous n'étions pas contents!

Puis, tout dernièrement
Une bonne nouvelle se répand :
Tu t'en irais à Ste-Thérèse dorénavant
À DRHC plus spécifiquement
Tu serais devenu un directeur maintenant?
Mais la vraie question est : Tu reviens quand?
Daniel, toi qui étudies constamment
Pour ton avenir, pour ton avancement
Ne pourrais-tu pas apprendre, sacrament
À avancer, oui, mais juste par en avant!

Mais peut-être ai-je été trop méchant?
Et peut-être t'en iras-tu en pleurant?
Oui, sans doute, Pierre, Paul ou Jean
En y mettant beaucoup d'encens
Aurait pu camoufler notre réel sentiment
Admets, Daniel, cependant
Un, que tu te connais mieux qu'auparavant
Deux, et cela est pour nous le plus important
Avant que tu reviennes, mon grand
Aux poules, laisse donc pousser quelques dents!

Et puisqu'il est probable que d'ici un an
Le poste de Jacynthe Tremblay soit vacant
Permets-moi de me prosterner immédiatement
Devant son éventuel remplaçant!

Daniel fut de retour au Centre fiscal peu d'années plus tard.

Robert Mills (Septembre 2007)

Hi! We're all here for a last salute to a brand new retiree : Bob Mills
An English civil servant born somewhere but I don't know where : Cowansville?
All his career long, Bob applied income tax act, regulations and bills
It sure means that he, in a daily basis, has lived an exciting thrill!
And... What? Quoi! Robeurtt (Bob) Mills, c'n'est pas un nom anglophile?!?

Mills, c't'un francophone de souche! Avec un nom de même?!? C'est débile!
Arrosez-moi! Pincez-moi! Réveillez-moi! Vite, qu'on me donne une Advil!
Tout mon texte est en anglais! Je dois traduire tout ça avec des rimes en «il»!
De quoi je vais avoir l'air moi? D'un gars saoul qui marche en équilibre sur un fil!
OK... un instant... je me concentre.... Priez pour moi, Ste-Méthode Assimil!

Dès son entrée dans la fonction publique, Robert se distingue déjà entre mille :
En 1975, il est engagé Programmeur AS-01, à Ottawa, on the Parliament Hill
Alors que nous tous, le monde ordinaire qui, autour de lui, évolue et défile
N'avons eu droit qu'à un minuscule CR-02, un petit CR-03 ou un CR-04 tranquille
Shawi-Sud, c'est pas Ottawa, c'est juste un patelin de rien près de Belgoville!

C'est pour ça sans doute que Robert a occupé autant de hauts postes à la file!
De Vérificateur opérationnel au Centre fiscal dans lequel, finalement, il s'exile
Il monte pas à pas : chef de groupe, puis chef de section, et ça jusqu'à l'an 2000
Et il finit tout en haut de l'échelle : chef d'équipe de la prestation fiscale infantile!
Chef d'équipe! Bravo! Bob! Pour gravir les échelons, comme tu as été habile!

C'est faux! En fait, Robert a terminé sa carrière MG-02, Gestionnaire aux Fil...
Savoir pourquoi lui, gestionnaire, et les autres MG-02, chefs d'équipes? Inutile!
Bah! Maintenant que tu es à la retraite, relaxe, tu n'auras plus à te faire de bile
Et, comme tu as été longtemps Chef des recettes, presque dix ans pile
Tu devrais, pas dans la chambre à coucher, mais dans la cuisine, être assez agile!

Bob, faute d'être devenu ce que tu voulais devenir : une «grosse huile»
Tu laisseras un bon souvenir, grâce à tes qualités : joyeux, sociable, docile
Mais tu pourrais faire beaucoup mieux : laisser à tous ici un souvenir indélébile
Do you want to be the most popular retiree in the world, Bob? Just pay the bill!
Je te souhaite une longue, excellente, merveilleuse retraite, Robert Mills!

Thérèse Morand (Janvier 2004)

Morand Thérèse, alias Bergeron Thérèse
De ta carrière, tu fermes aujourd'hui la parenthèse
En voici rapidement, une partielle exégèse
Quoi! Tu es fâchée! Tu crains que je t'offense et te lèse
Ça doit être ton sang de Montagnaise!
Rassurez-vous car, quand s'installe un malaise
Que ses yeux deviennent des braises
Qu'elle veut m'écraser comme une punaise
Voici ce que je sais qu'il faut que je «faises» :
Je prends ma figure la plus niaise
Et, innocemment, je dis : «Thérèse
Non mais, t'es-tu vu la fraise?»
Tout de suite, elle s'apaise
Et rit, montrant sa dentale prothèse
Il faut dire, et cela lourdement pèse
Qu'elle a donné aux employés, quelque quatre cent treize
De la formation sur la chicane, des cours synthèse
Intitulés «Destination Péloponnèse»
Enfin, quelque chose dans le même «size»!

Aujourd'hui, janvier 2004, aux alentours du seize
Voilà que tu nous quittes à l'anglaise
Et, que cela ou non nous plaise
Tu nous laisses avec nos fadaises
Et nos sandwiches tomate-mayonnaise
Mais toi, que feras-tu, ma chère Thérèse?
Toi qui es maintenant trop âgée pour la baise
Toi qui ne peux plus faire de trapèze
Qui ne peux plus escalader de falaises
Ni visiter les profondes mines de manganèse
Qu'avec le secours d'une marchette, cette orthèse

Qui t'évite de marcher de façon biaise?
Non, et je le jure sur le livre de la Genèse
La vérité, il ne faut pas que je taise
La voici finalement ma thèse
Et les nombreuses hypothèses
Que, sur ta retraite, je soupèse
Un, faire un voyage au Canal de Suez
Ou aller chanter la Marseillaise
En si bémol majeur ou en do dièse
À Paris ou en région perpignanaise
Deux, prendre des bains rajeunissants, dans la glaise
Trois, faire des mots croisés, bien assise sur ta chaise
Quatre, t'essayer aux difficiles dictées françaises
Cinq, écouter du Chopin, ses valses et ses polonaises
Et six, comme le fait la vache charolaise
Contemplant l'érable, le sapin et le mélèze
Arpenter lentement ton diocèse
En ménageant tes efforts, telle une Écossaise!

Mais, que tu sillonnes une rue shawiniganaise
Ou une large avenue new-yorkaise
Que tu reçoives ta visite ottawaise
En lui servant du bœuf cuit à la fournaise
Arrosé généreusement d'une sauce béarnaise
Et d'une délicieuse piquette beaujolaise
Je souhaite vraiment que, dans tout, tu te complaises
Et, comme me voici arrivé à la partie antithèse
Je te dis : «Pars, et sois bien à l'aise
Car ta décision n'est pas mauvaise.»
Écoute ce qui suit, ce n'est pas de la foutaise :
Nous te disons, les grands, les petits, les maigres et les obèses :
«Tu nous manqueras beaucoup, chère Thérèse!»

Gérald Paquet (Octobre 2003)

Quand on a appris que Gérald Paquet
Après toutes ces années, prenait sa retraite
Voici les trois choses que l'on a faites :
Applaudir, s'amuser et faire la fête!
Bien sûr, cela démolit en dix mille miettes
L'impression qui te semblait si nette
D'être du Centre fiscal une sorte de starlette
Que jamais dans les poubelles on ne jette

Que veux-tu, Gérald, la vie n'est pas parfaite
Et un jour, il faut bien payer ses dettes
Quand on a, comme toi, fait mille pirouettes
Que sur deux postes, tu as autant fait la girouette
Il fallait bien t'attendre un jour à te péter la bette
Et à te faire traîner dans la bouette
Console-toi, tu auras au moins valu une risette
Et tu auras aussi mérité ces quelques rimettes!

Gérald, physiquement, n'est ni gros ni fluet
Il s'habille généralement de manière assez coquette
Beaux souliers, beau linge, belles toilettes
Il porte très forte sa noire barbichette
Au grand désespoir de Monsieur Gillette
Et, quand on le voyait avec sa brune mallette
Il ressemblait, non, il était la copie parfaite
D'un témoin de Jéhovah, le samedi matin, huit heures sept!

Gérald serait né vers mil neuf cent quarante-sept :
Il n'est donc pas un bébé éprouvette
Il n'a pas connu les Satellipopettes
Pas plus que Bobino et Bobinette

Il est plutôt de l'époque de la guerre frette
Entre les États-Unis et la Russie des soviets
Gérald est donc un homme aux valeurs nettes :
Je commande, vous obéissez; pis marchez «drett»!

Qu'a donc vécu le jeune Gérald Paquet
Pour avoir autant de crin dans le toupet?
Peut-être le collège classique et ses chambrettes
Où, pour toute chose, nous dit-on, mieux valait être «prêtt»?
On élevait là des hommes, des machos, des athlètes
Ses modèles seraient-ils alors, dans l'art numéro sept
Stallone, Swarzenneger, John Wayne et Steve Mac Garrett?
Et, en politique, les Drapeau, Trudeau et Réal Caouette?

Son style de gestion, quel était-il en fait?
Comment le qualifier, quelle étiquette
Lui donner? Vieux, dépassé, «maladrette»?
Une main de velours dans un gant de cuirette?
La pomme et la carotte, ou bien... le fouet?
«Vous êtes des machines dont je tiens la manette :
Ah! Vous avez envie d'aller à la toilette?
Demandez-le avant, ou... restez où vous êtes!»

Gérald n'était pas un expert en alphabet
Mais très fort en chiffres, en finance : il budgète
Il a fait celui du Centre fiscal, dont il tenait les cordelettes
Était géré* serré; ceux qui voulaient qu'on s'endette
Lorsqu'ils présentaient leur liste d'emplettes
Se faisaient dire : «Tu dépenses trop, Payette!»
Ou : «Y sont encore bons tes bureaux bruns, Brouillette!»
Séraphin Poudrier aussi était une sorte de vedette!

Souvent, dans sa carrière, il a fait la navette
De son poste d'attache jusque chez Grenier, Ginette

Remplaçant les directeurs absents sur l'entrefaite
Puis retournant chaque fois dans sa cachette
Cela lui faisait mal en «tabarouette»
D'abandonner si souvent un poste qu'il se souhaite
Et ce, à des directeurs portant jupette
Et tout pressés de défaire ce qu'il avait «faitt»

Gérald, tu as, toutes ces années, fait la palette
Tu l'as épargnée, accumulée depuis belle lurette
En la transférant, aux deux semaines, par internet
Dans un compte à numéro, dans une banque helvète
Oui, avoir beaucoup d'argent, c'est vraiment chouette!
Tu pourrais aisément faire un 2e tour complet de la planète
Mais, cette fois-ci, de grâce Gérald Paquet
Ne sois pas chiche, n'arrête pas à Nicolet!

Il se peut que le départ «précipité» de Gérald Paquet
Vous laisse dans la gorge comme un genre de boulette
Mais, vous tous ici qui buvez vos bières tablette
Dans un verre, en bouteille ou en canette
Si vous n'êtes pas trop fatigués, ni trop pompettes
Levez-vous et unissez vos cris de mouettes
Au son du tambour et à celui de la trompette
Et criez haut et fort avec moi : «Gérald, bonne retraite!»

 **Des milliers de «likes» pour...**

...le personnel de la cafétéria et le personnel du service d'entretien ménager qui ont œuvré au Centre fiscal de Shawinigan (désormais le Centre national de vérification et de recouvrement de Shawinigan).

André Payette (Juin 2002)

Qui a déjà croisé ou dépassé, sur la route 157
Qui a déjà admiré l'altier André Payette
Les formes enserrées dans sa bizarre toilette
Et chevauchant sa luxueuse bicyclette
Connaît mieux maintenant le sens du mot athlète

Qui a vu les nombreuses débarques qu'il a faites
Et les fractures partout sur son squelette
Et la gueule que régulièrement il se pète
Sait qu'André, pour ces raisons et d'autres qu'on répète
Depuis longtemps, est tout à fait mûr pour la retraite

Ah! Ce que l'on a longtemps espéré que lui-même l'admette
Et que de jeter des regards incrédules il arrête
Oui, chacun rêve beaucoup de sa propre retraite
Mais combien d'entre nous peuvent faire la cachette
D'avoir pensé plus à la sienne qu'à celle d'André Payette?

Après tant d'années de souffrances, plus de dix-sept
Sous la gouverne de ce chauffeur de brouette
La main-d'œuvre de Fin. & Admin. est fin prête
Pour un changement de chef ; et depuis longtemps, en fait
C'aurait même dû être traité comme une urgence, «tabarouette»!

Oui, la gestion a été un peu beaucoup distraite
D'avoir oublié dans ses plans, que régulièrement elle projette
Une telle évidence, un must, un besoin aussi net
Ses plans de dotation : une fumisterie, des sornettes!
Sans le départ d'André? Non, pas de planifications complètes!

Quelqu'un, un Giguère, un Tougas, ou une Chauvette?
À moins que le poste ne soit considéré aboli, obsolète
Quelqu'un prendra ta relève, André, et ramassera ton fouet

Puis mènera les troupes au succès ou à la défaite
Et toi, peu à peu, tu tomberas dans les oubliettes

Triste destin, mais que voulez-vous la vie est ainsi faite
Qu'on la traverse à pied, en auto ou à bicyclette
Qu'on soit Jobin le fou, Villeneuve le téméraire ou simplement Payette
Il arrive toujours le jour où, tout comme la rose et la violette
Tu pers les pétales et deviens une chose fanée, désuète

Mais ne te laisse pas, pour autant, décourager telle une fillette
Toi qui aimes rouler à pédales : les routes et les ruelles les plus secrètes
De Chicoutimi, Montréal, Lac-à-la-Tortue, Nicolet
Impatiemment t'attendent, t'espèrent, te guettent
Pour te faire prendre une fouille inoubliable dans les pâquerettes

ANDRÉ, BONNE RETRAITE!

 **Des milliers de «likes» pour...**

...tous mes collègues des services financiers et des services internes pour l'excellent travail d'aide et de support et conseil qu'ils ont apporté à chaque membre de l'organisation.

 **Des milliers de «likes» pour...**

...mes collègues engagés dans les œuvres caritatives telles Centraide, la Campagne nationale de charité en milieu de travail et Réveill'don, cette dernière œuvre consistant à amasser, à chaque période des Fêtes, des denrées et des jouets pour les distribuer ensuite aux familles les moins nanties de la grande région de Shawinigan.

Gilles Poitras (Décembre 2011)

La toute, toute première fois
Que j'ai vu et connu Gilles Poitras
C'était la fin-septembre, le 23
De l'an 1980, enfin autour de là…

Il était fin, drôle et enjoué, Gilles
À faire rire, comme il était habile
Mais son art, sa technique était facile
En fait, il n'avait qu'à faire le débile

Marie Cossette? Comme Gilles l'achala!
Il lui chantait, chaque jour, cent fois
«*Petite Marie*» du chanteur Francis Ca…
Et Marie, devenait rouge comme un dahlia

André Plante, qui n'était pas le plus docile
Qui avait le ton fort et le reproche facile
A, bien sûr, eu droit aux moqueries de Gilles
Ah! Comme elles désamorçaient son atrabile

Alain Délisle, combien de tours il lui joua!
Continuellement, de son parler, il se moqua
Mais l'ordi que, faussement, il infecta
Reste, de ses bons coups, le nec plus ultra

Les blagues, les tours que faisait Gilles
Qui mettaient ses compagnons sur le gril
Et qui rendaient toutes mes réunions difficiles
Elles étaient innocentes mais tombaient pile

Gilles Poitras n'était pas que ça :
Un comique, un clown, un fou du roi
Qui mit dans l'équipe un peu de joie
Atténuant, de la vie, les durs aléas

Non! À la Gestion des documents, Gilles
Pouvait servir cinq-dix-vingt clients à la file
C'était un commis dégourdi, vif et agile
Et qui marchait chaque jour son cent milles!

En plus, il avait des idées plein la «cabeza» :
Centralisation, gestion électronique, et cetera
Ne lui auront pas valu que des certificats
Elles ont aussi fait suer Paul Dupuis à Ottawa

Les dossiers, lui y connaissait ça! Gilles
Il fallait le voir traiter ses documents en piles
Puis aider ses camarades à arriver au fil
Travailler en équipe, c'était aussi son style

Les grandes qualités de Gilles Poitras, les voilà :
C'était un travailleur franc, honnête et droit
Généreux, gentil, génial, grognon parfois
Mais il était et reste ... un criss de bon gars!

Ce soir, j'espère de tout cœur, mon cher Gilles
Que tu trouveras, à la campagne ou à la ville
Tout ce qui te sera bon, profitable et utile
Surtout, dirait Alain Delisle, rien qui t'horripile!

BONNE RETRAITE, AMI GILLES!

 **Des milliers de «likes» pour...**

...mes collègues hommes et femmes – et ils sont nombreux – qui ont participé, comme concepteurs, organisateurs, techniciens, animateurs, auteurs, comédiens ou chanteurs, aux festivités des 10e, 15e, 20e, 25e, 30e et 35e anniversaires du Centre fiscal de Shawinigan.

Lucie Proulx (Avril 2010)
Une femme pleine de ressources humaines

(Sur l'air de Santa Lucia)

Chère Lucie
Toute une vie
De moqueries
De facéties
Pour cette vie
Faut qu'tu expies
Ce soir, ma mie
Tu s'ras punie

Refrain
Tous les coups que tu nous as montés
Toutes les blagues que tu nous as contées
Crois-tu qu'on allait les oublier
Oh! Non! Lucie...

Chère Lucie
C'est en famille
Que tes folies
Seront blanchies
Vois tes amies
Elles sont réjouies
Leur chère Lucie
Enfin rôtie

Refrain
Tous les coups que tu nous as montés
Toutes les blagues que tu nous as contées
Crois-tu qu'on allait les oublier
Oh! Non! Lucie...

Voyez Lucie
Face ébahie
Une vraie copie
De sainte Lucie
La compagnie
Sur ça m'appuie
C'est pas jolie
L'hypocrisie

Refrain
Tous les coups que tu nous as montés
Toutes les blagues que tu nous as contées
Crois-tu qu'au ciel tu vas accéder
Oh! Non! Lucie...

C'est des menteries
Ma chère Lucie!
Tu es partie
C't'une tragédie
Sans toi Lucie
Triste est la vie
Oui, on s'ennuie
De toi, Lucie!

Refrain
Tous les coups que tu nous as montés
Toutes les blagues que tu nous as contées
Crois-tu qu'elles nous ont amusés?
Oh! Oui! Lucie...

Claude Rochette (Avril 2010)
Un rêveur réaliste

Au fil des 20 dernières années, j'ai partagé plusieurs mandats avec Claude, dont 2 agendas, quelques spectacles anniversaires du CFSH et une association qui a duré une douzaine d'années, la réalisation du journal le Trait d'union.

Moi j'étais bon pour écrire les textes, Claude les corrigeait sévèrement; Claude, lui, prenait de très belles photos... que je m'empressais de mieux recadrer au montage.

Je ne me souviens pas d'une seule dispute entre nous; Dans tout ce que l'on a fait, on trouvait des terrains d'entente très facilement avec le seul et même objectif : réaliser des documents ou des événements de la meilleure qualité possible. Bref, on se complémentait l'un l'autre!

Un jour, nous étions dans son magnifique Buick Skylark blanc que Rose Guitard lui avait vendu et nous circulions sur une avenue de Shawinigan-Sud en direction du local du syndicat. Claude m'expliquait, en conduisant distraitement, un document important; en fait, il ouvrait le document et me montrait du doigt une clause cruciale dudit document lorsque nous sommes arrivés à l'intersection d'une rue. Et ça a fait bang!

On s'est regardés : pas de sang, pas de bosses, pas de mal. Nous sommes sortis pour constater les dégâts subis par le Buick et faire connaissance de notre agresseur et lui porter secours au besoin. Pas blessé lui non plus... son auto : seulement une petite «poque» de rien du tout sur le pare-chocs avant. L'arrière-train du Buick avait, lui, subi quelques retouches au niveau de l'arrière-train et il avait perdu son pare-chocs arrière qui gisait par terre, au beau milieu de l'intersection.
Qui était coupable selon vous? Eh oui! C'était Claude qui n'avait pas fait son stop; il ne pouvait pas le faire, puisqu'il ne regardait pas le chemin depuis une bonne dizaine de minutes. L'autre conducteur lui, il n'en

avait pas de stop à faire. Une affaire claire comme de l'eau de Roche... Luc, pas de jeu de mots! Claude reconnaissait donc sa responsabilité.

On appelle la police. Un jeune policier arrive... Bel uniforme... Air sérieux adapté aux circonstances. Il prend la déposition de l'autre conducteur et celui-ci dit qu'il ne contactera pas son assurance pour si peu et s'en va.

Au tour de Claude de s'adresser au jeune flic : «Tu ne serais pas le fils de chose-là... Ah! Oui! T'as grandi en titi depuis le temps, comment va ton père, ta mère, tes frères, tes sœurs, tes cousins-cousines, etc.?» J'assistais à de belles retrouvailles! Et à une conversation des plus intéressantes. Que voici.

Le policier : «Comment l'accident s'est-il produit M. Rochette?»

Claude : «J'ai eu un moment de distraction et je n'ai pas fait mon stop; l'autre auto est venue de la droite (à la droite, dans le Buick, je vous rappelle que c'est moi qui y étais assis) et elle m'a frappé à l'arrière de l'auto.»

Le policier : «Vous voulez dire que vous avez fait votre stop, et qu'au moment d'accélérer, l'autre vous a frappé...»

Claude : «Non, non, je n'ai vraiment pas vu le stop, mais pas du tout...»

Le policier : Écoutez-moi bien M. Rochette, si j'écris ça sur mon papier, ça va vous coûter 200 $ et 3 points de démérite...»

Claude : «Ah! En y repensant bien, M. l'agent, vous avez raison, j'ai fait mon stop!»

C'est-ti beau quand même une communication interactive efficace de niveau 2, non?

Incidemment, et curieusement, moi, qui étais le seul témoin de l'accident... personne ne m'a rien demandé!!!

Et si vous vous inquiétez pour le pare-chocs du Buick à Claude... nous l'avons ramassé... nous l'avons plié en deux... et on l'a mis dans le coffre arrière! Il était en plastique!

Ceux qui connaissent Claude savent qu'il est un rêveur que la réalité rattrape souvent malgré lui; il a plein de projets en tête... certains fonctionnent, d'autres non. Ce n'est jamais grave avec lui! Pour moi, Claude reste un compagnon d'une grande générosité qu'il m'a fait grand plaisir de côtoyer pendant toutes ces années.

Claude, bonne soirée et voici ta carrière et ta vie résumées dans une chanson de 3 minutes... En avant la musique!

Claude Rochette (2)
Il pousse, pousse, pousse
(Sur l'air de *Il pousse, pousse, pousse*, de Jonathan Painchaud)

Claude était un jeune Latuquois
Né d'une famille où le showbiz était roi
Comme ses frères et sœurs, très tôt il démontra
Qu'il était un artiste jusqu'au bout des doigts
Jouer de la guitare, c'était ce qu'il aimait
Et chanter dans les bars, c'qu'il ferait à jamais

Mais la cigale Claude dut en convenir très tôt
Pas moyen de vivre juste en passant le chapeau
Pour acheter une maison, pour avoir une auto
Il alla cogner chez la fourmi de l'impôt
Car pour gagner sa vie, celle des enfants aussi
À la musique, au show, il a tourné le dos

REFRAIN
Alors il pousse, pousse, pousse un crayon pour oublier son don (bis)

Fallait voir Claude bosser au Centre fiscal
Cela faisait très mal à son cœur d'animal
Il disait partout qu'ça lui était égal
D'avoir fait des dossiers son nouvel idéal
Celui de sa chaise, et ceux de ses clients
Mais revient un malaise, il renie ses talents

Heureusement survint un nouveau directeur
Qui de prendre des risques n'avait pas du tout peur
Il avait grand besoin d'un réalisateur
D'une sorte de fou disponible à toute heure
Il rencontra Rochette, lui confia des mandats :
«Réalise des saynètes, rédige un agenda»

REFRAIN
Depuis il pousse, pousse, pousse un crayon pour pratiquer son don (bis)

Et voici Claude assis sur la sellette
Ici il n'a pas le contrôle du cinq à sept
Il voulait que l'on fasse quelque chose de simplet
Pour notre réputation nous aussi on s'inquiète
Il était réticent à se faire dire merci
C'est bien évident qu'il se fait du souci

Désormais Claude est un jeune retraité
C'est maintenant qu'il devrait un p'tit peu s'inquiéter
Car Claude est un maniaque il aime trop jardiner
Il dorlote son terrain comme son petit bébé
Avec tout ce qu'il achète, chez son ami Morand
Son budget de retraite va vite prendre le champ

REFRAIN
Mais là... Il pousse, pousse, pousse ton gazon, c'est ça ton nouveau don!

Claude Rochette (3)
Hommage du directeur

Si Claude Rochette a déjà été un employé tranquille, ça doit faire tellement longtemps que plus personne ne s'en rappelle ! En tout cas, moi, je ne l'ai jamais connu «tranquille»!

Souvent absent de son bureau et pas toujours commode (ses chefs d'équipe et gestionnaires ne me contrediront pas j'en suis sûr), Claude avait les qualités de ses défauts : fonceur, créatif, talentueux, collaborateur, déterminé, dynamique, d'une énergie inépuisable, armé d'un optimiste inébranlable, et surtout habile à toutes sortes de métiers.

Durant sa carrière au CFSH, de 1979 à 2010, Claude Rochette a exercé, non pas un, non pas 10, ni même 36 métiers comme affirme le dicton, mais bien **56 métiers** différents. À part celui pour lequel il a été engagé, bien sûr!

56 métiers... Vous ne me croyez pas... comptez-les avec moi!

(1) Membre du comité du journal local le Trait d'union, et aussi **(2)** pigiste, **(3)** journaliste, **(4)** chroniqueur, **(5)** photographe, **(6)** correcteur de textes, **(7)** cadreur, **(8)** camelot

(9) Membre du comité organisateur du 15e anniversaire du CFSH, en 1994

(10) Membre du comité organisateur du 20e anniversaire du CFSH, en 1999

(11) Membre du comité organisateur du 25e anniversaire du CFSH, en 2004

(12) Membre du comité organisateur du 30e anniversaire du CFSH, en 2009

Lors de l'organisation et du déroulement de ces anniversaires, Claude a été **(13)** membre-responsable du volet spectacle; il a aussi été **(14)** idéateur, **(15)** créateur artistique, **(16)** musicien, **(17)** chanteur, **(18)** réalisateur, **(19)** metteur en scène, **(20)** choriste, **(21)** organisateur, **(22)** comédien, **(23)** auteur, **(24)** critique, **(25)** contrôleur de son, **(26)** régisseur de plateau, **(27)** maître de cérémonie, **(28)** animateur, **(29)** responsable des auditions, **(30)** conseiller, **(31)** modérateur, **(32)** motivateur, **(33)** fou du roi, **(34)** vendeur de billets, **(35)** accessoiriste, **(36)** spectateur; **(37)** parolier; **(38)** accompagnateur; **(39)** concepteur

En 1994, dans le cadre du 15e anniversaire, Claude a été **(40)** responsable de la réalisation de l'encart du CFSH et de sa publication dans le Nouvelliste, et aussi **(41)** publiciste, et **(42)** relationniste

En 1999, il a été **(43)** membre du comité créateur de l'Agenda du 15e anniversaire du CFSH, et **(44)** rédacteur en chef, **(45)** recherchiste, **(46)** graphiste, **(47)** historien

En 1999, Claude a été **(48)** membre du sous-comité *Portes ouvertes*

Il a été **(49)** membre du Comité régional qui a réalisé l'Agenda 2000

Claude a été **(50)** organisateur/animateur de plusieurs 5 à 7

En 2002, Claude a été **(51)** maître d'œuvre de la fresque de photos sur la formation *Démystifier les conflits en milieu de travail*

Dans le cadre des campagnes de collecte de fonds pour *Centraide*, Claude a été **(52)** chansonnier-solliciteur de fonds

À la fête de Noël des enfants de 1989, on l'a vu aussi faire le **(53)** clown!

Et, de temps en temps, ses collègues l'ont vu faire son travail **(54)** d'agent à l'Observation...

Dans une multitude de contextes, Claude a été un **(55)** magicien! D'abord de la photo : à ce titre, Claude a laissé un héritage visuel considérable. Ce que les futures générations d'employés verront des 25 dernières années de l'organisation et des personnes qui la composaient, sera pour une grande partie, le legs de Claude Rochette. Il a aussi été un magicien de la réalisation où il a démontré un réel talent à créer des spectacles de qualité à partir du talent brut et des bonnes volontés qui t'entouraient.

Bref, tout au long de sa carrière, Claude aura été un ambassadeur de marque de l'organisation : les spectacles et les publications qu'il a réalisés au fil des années, Claude les a empreints d'un grand professionnalisme. Comme on a été fiers des spectacles des 15e, 20e et 30e anniversaires du CFSH dont tu t'es occupé ! Et comme tu nous as bien représentés dans tout ce que tu as fait!

Ambassadeur émérite du CFSH, voilà le **56e titre** que je te décerne et, pour moi, voilà vraiment ce que tu as été pendant les 25 dernières années de ta carrière!

Pour ta créativité, pour ta polyvalence, pour ton dévouement, pour ta détermination, pour ta disponibilité, pour ta folie créatrice teintée d'une légère indiscipline :

MERCI Claude !

Claude, on ne peut passer sous silence tout le travail que tu as accompli pour faire de nos spectacles anniversaires du CFSH quelque chose qui se rapproche plus du professionnel que de l'amateur. Tu as toujours eu à cœur l'image du Centre fiscal de Shawinigan-Sud chez tes collègues et auprès des gens de la région et tu l'as démontré à chaque spectacle qui t'as été confié.

Il me fait donc extrêmement plaisir de te remettre cet «oscar» pour souligner l'ensemble et l'excellence de ton implication culturelle.

Le directeur remet un balai Oskar à Claude en livrant le message suivant :

Plusieurs prétendent qu'un oscar n'est qu'un ramasse-poussière... et bien ils n'auront jamais eu autant raison que cette fois-ci, car celui-ci ramasse vraiment la poussière... et je vois déjà Johanne sourire à l'idée de partager les tâches ménagères...

Bonne retraite, Claude!

Texte composé par Luc Granger pour Denis Gélinas, Directeur

Marcel Tougas (Avril 2004)
Inédit 2016, l'original n'ayant pas été retrouvé

Ce soir, nous assistons au départ de Marcel Tougas
Je vais vous conter son histoire, du moins toute celle
Que je sais; ce n'en sera pas tout l'alpha et l'oméga
Ce sera approximatif, mais on reconnaîtra Marcel!

De l'ère «école St-Bernard», il en fut l'un des premiers gars
On reconnaissait ainsi que, déjà, il connaissait les ficelles
De la gestion de la gente féminine, qu'on lui délégua
Et, quand il fit son entrée au Rôle, il était déjà bien en selle

Il resta quelque temps dans ce poste où on le relégua
Puis alla au Personnel, y fit de sa carrière, une parcelle
Et devint gestionnaire des Services internes, où il se distingua
Trop vite arriva la fin, la carrière qui se referme, qui se scelle...

On l'a connu pour son humour et le travail, qu'il conjugua
Il aimait faire le coq : bomber le torse, montrer ses «mosselles»
On se souvient : pour tout, en toutes occasions, il blagua
Latulippe et ses livres de «jokes»? Un prêtre et son missel!

Pour vivre des émotions intenses, nul besoin qu'il se droguât
Pour lui, l'extase, c'est le travail ardu, acharné, qui le recèle
Les défis, aussi difficiles soient-ils, font partie de sa saga
Et il craignait, plus que tout, le travail en retard qui s'amoncelle

Moi, j'en profite pour dire qui est vraiment Marcel Tougas :
Au travail, il n'avait pas peur de suer, même des aisselles
Au final, il aura fait une carrière sans faire trop de dégâts
Mais il aura su autour de lui, provoquer quelques étincelles

Maintenant que tu es âgé et avant que trop tu te fatiguas
Maintenant que ta tête est devenue poivre mais surtout sel
Comme ici, c'est devenu une emmanchure à te rendre gaga
Va chez toi, restes-y, fais n'importe quoi, le ménage, la vaisselle...

Mais surtout, vis pleinement, sois heureux, Marcel Tougas!

Aurélien Turcotte (Janvier 2008)

Oui, voici devant nous Aurélien Turcotte
Qui, mal assis sur son siège, gigote
Si, de son derrière, il a la bougeotte
C'est qu'aujourd'hui, on lui décerne sa note
Comme au cimetière de Claude Rajotte
Il reçoit son évaluation, son bulletin, sa cote
Sur son style de gestion ici-même : on vote!
Aurélien, était-il humain? Était-il despote?
Fut-il aimé de tous ses compatriotes?
Oui, c'est normal que cela le chicote
Le regard perdu dans sa bière qu'il sirote
Et avez-vous remarqué son verre qu'il tripote?
Et les chips au vinaigre qu'il grignote
Et qui lui restent pris dans la glotte?
Il ne se rend même pas compte qu'il rote
Et que, dans sa bière, sa cravate barbote!

Tout bas, on entend Aurélien qui marmotte :
«Tiens! Voilà encore Granger et sa camelote
Ce poète sans talent et ses rimes sottes
Ce sans-cœur, ce pervers, ce crack pot
Ce fou, ce tarla qui travaille de la calotte
Sans aucun égard pour ma redingote
Lancera ses vers comme des missiles Patriot
Me couperas en tranches minces avec son sciotte
Tel du vulgaire pepperoni de chez Pizza Hut
Il éclaboussera, salira, noircira ma vie au créosote
Me fera sentir tout petit dans ma culotte
Me brassera comme une vulgaire «garnotte»
Et me fera passer pour tête de linotte.
Il racontera des tas d'histoires idiotes

Et autant d'incroyables anecdotes
Il dira mes vices cachés, mes marottes
Mes tics, mes défauts, mes erreurs, mes crottes
Sans pudeur, il dévoilera, à tous mes potes
Qu'à l'âge mûr où j'ai couru la galipote
J'avais depuis longtemps passé le stade où l'on bécote
Et que, tout bas, le monde pense, rit et chuchote :
Oh ! Aurélien se prend pour John Glenn, l'astronaute
Mais pour lui, est-ce que ça lève encore ou ça «flacotte?»
À tous, il fera accroire dans sa parlote
Que jeune j'aurais connu la femme de Loth
Que j'aime les films de Costello et Abbott
Et que j'aurais fréquenté, jadis, Juliette Huot
Que vieux, je ne parle plus, je radote
Oui, d'un seul coup, d'un unique uppercut
Ma vie aura l'air d'une visqueuse gibelotte
Pire, il aura transformé ma vie en chiotte!

Oui, c'est vrai très cher Aurélien Turcotte
Qu'ici, qu'aujourd'hui, ta carrière, ta vie pivote
Désormais, plus de problèmes de paye ni de «dot»
Plus de contribuables qui mentent, trichent et complotent
Plus de gains ni de revenus qu'on escamote
Ni de sommes cachées dans un bas ou dans une grotte
Qu'à tout prix, il faut que tu dégotes
Non, de l'impôt tu n'es plus le Steve Shutt
Du Centre fiscal tu n'es plus copilote
Tu n'es presque plus rien, tu n'es plus hot!
Bien finis les jours qu'à l'envers tu numérotes
Les coudes que sur le bureau tu accotes
Et dans les rêves de pension, ta pensée qui trotte
Ramasse tes cliques, tes claques, et tes bottes
Retire tous tes placements REER de la cagnotte

Et voyage, va au pays du rhum et du «coconut»
Va à la chasse, ou va pêcher la truite et la barbote
Joue aux quilles, à la pétanque, ou joue à la belote
Ou, si tu file pantouflard, reste chez toi et popote
Mesure, cloue, visse, scie et rabote
Dors, berce-toi, regarde la télé, tricote
Mais à l'ennui, découvre l'antidote
Et, surtout, fais des choses qui te ravigotent

Aurélien, si nos yeux sont dans la flotte
Si nos mains et nos figures sont pâlottes
Si dans la gorge on a une grosse motte
Et si de tristesse et de douleur, on capote
C'est que tu étais un peu beaucoup notre Aristote
Notre dieu, notre modèle, notre mascotte
Mais cette grande peine qu'en nous tu dénotes
Ainsi que ces grands yeux rougis que l'on frotte
Essuyons-les avec du papier mouchoir Scott
Comme des syndicalistes qui boycottent
Montrons-nous forts mes cocos, mes cocottes
Et, tels des centaines de Rodger Brûlotte
Crions-lui très fort : «IL-EST-PARTI, Turcotte!»

 Des milliers de «likes» pour…

…**Lyne Lecours** qui, pendant plus de 20 années, fut l'organisatrice de tellement d'activités, dont le Noël des enfants, et tellement de voyages, qu'il est impossible de toutes les recenser ici, tout ça pour le plus grand plaisir des employés et des employées du Centre fiscal de Shawinigan. Lyne est aussi, depuis plusieurs années, engagée dans le monde scolaire de sa localité.

Édith Vivier (Octobre 2008)

C'est le *Mois de la Poésie*, dans une ville pas loin d'«icitt»
Et comme c'est un style de français que parfois j'imite
Voici donc, pour toi, un texte rimé, ma chère Édith!

Après une longue et fructueuse carrière de 30 années de suite;
Après 15 ans de syndicat, ta période : «Watch out! Je milite»
Pendant laquelle on a connu ton style franc, direct et «fais ça vite!»
Le voici arrivé le moment magique où, l'organisation, tu quittes
Maintenant, toi, c'est faire du bicycle à gazoline qui t'excite
Et tu t'es trouvée récemment un homme avec qui tu «fittes»

Le moins qu'on puisse dire, la retraite, ça t'a rajeunie en bibitte
Je sais que la prochaine phrase, cent fois, mille fois, a été redite
Monique et moi te disons : «De tous les bons moments, profite!»

Que la paix, la joie, la sérénité, et tant d'autres belles choses t'habitent
En chœur avec les employés de Trois-Rivières, de Shawinigan, de St-Tite

Nous te souhaitons :

«Bonne et longue retraite, Édith!»

 **Des milliers de «likes» pour...**

...Tous mes collègues, hommes et femmes, qui se sont investis, via leur engagement dans les activités syndicales, dans la défense des droits des employés et des employées.

POUR L'AMOUR DE LA FONCTION PUBLIQUE

Un poème que j'ai composé dans le cadre d'un concours national de la poésie et qui m'a valu le deuxième prix du volet francophone. Le premier prix a été attribué à ma collègue Hélène Gagnon, une vraie écrivaine déjà!

Au Canada, des milliers de personnes, jeunes et doyens
Toutes dévouées au service de la population, au quotidien
Posent les gestes, et disent les mots qui font du bien
D'un bout à l'autre, et même au-delà, du grand sol canadien

Ici, le garde-côtier secoure le naufragé, lui prodigue des soins
Là-bas, de la paix, le casque bleu assure le maintien
Nos frontières, confiées au douanier, plus sûres entre ses mains
Sans oublier le gendarme qui lui, protège corps et biens

L'immigrant est accueilli, peu importe le pays d'où il vient
Le sans-travail, de l'agent concerné, reçoit le soutien
Le malade, quant à lui, peut compter sur d'experts praticiens
Et la victime, sur une aide, un encadrement des plus humains

Lui fait carrière dans un parc ou dans une forêt de sapins
Elle est spécialiste de l'art : parlé, écrit, sculpté ou peint
Celui-ci dorlote, protège la faune et la flore, ses copains
Celle-là, astronaute, va les voir dans l'espace, les siens

Oui, partout au Canada, des fonctionnaires, depuis tôt le matin
Exercent mille métiers, qui sont, bien sûr, autant de gagne-pain
Mais dans tout ce qu'ils font, un leitmotiv, toujours, revient :
« Fiers de servir les Canadiennes et les Canadiens! »

Luc Granger
Fonctionnaire du Revenu canadien
Juin 2003

HYMNE NATIONAL DU CFSH
(Inédit)

(Composé pour le 30e anniversaire du CFSH)

(Sur l'air du *Ô Canada*, Calixa Lavallée/Adolphe-Basile Routhier)

Ô! Centre fiscal
Terre de petits vieux
Ton mail est plein
De rides, de blancs cheveux
Ton histoire est une épopée
Qu'on n'arrive plus à se rappeler...
Des Alzheimer
Désorientés
Demandent aux jeunes :
« La café, c'-tu par là? »
I' ont répondu :
(Montrant du doigt la porte de sortie du Centre fiscal)
« Le foyer, c'est par là! »

JUSTIFICATIF. Après 30 ans de service, bon nombre d'employés de 55 ans d'âge devinrent admissibles à une retraite sans pénalité. Un peu avant le 30e anniversaire du Centre fiscal de Shawinigan, commencèrent les départs à la retraite des employés de la première heure. Ce mouvement s'amplifia de telle sorte que quelques centaines d'employés auront quitté le travail les cinq années suivantes. Ce mouvement massif de départs à la retraite se fit parallèlement avec un mouvement d'engagements d'un personnel beaucoup plus jeune venant prendre la relève des « démissionnaires ».

NE M'OUBLIE JAMAIS! (Avril 2014)

(Hommage aux retraité(e)s du Centre fiscal de Shawinigan)

(Paroles et musique : © Luc A. Granger – *Mes vingt chansons suivantes*)

(Interprétée par moi - accompagné à la guitare par Pascal Vincent -, dans le cadre des fêtes du 35e anniversaire du Centre fiscal de Shawinigan, le 07 mai 2014)

N'oublie jamais que j'étais là pour toi
Que j'ai travaillé longtemps sous ton toit
C'est moi qui ai assuré ta survie
Tous les jours après qu'on t'eût donné la vie
Je t'aime encore depuis que je suis parti(e)
J'ai au fond du cœur un peu de nostalgie
Et bien que j'aie fait le travail que j'aimais
Pour tout ce que j'ai fait de grand, de petit
Ne m'oublie jamais, ne m'oublie jamais

N'oublie pas que venu(e) de tous horizons
C'est moi qui ai fait ta cotisation
J'ai entreposé tes déclarations
Fait tes projets de post-cotisation
J'ai aussi travaillé aux comptes, aux appels
Bossé à fin.-admin. et au personnel
Je revois la tonne de courrier que j'ouvrais
Maintenant que je suis parti(e) pour de vrai
Ne m'oublie jamais (bis)

Refrain :
Ne m'oublie jamais,   ne m'oublie jamais
Ne m'oublie jamais,   ne m'oublie jamais

(suite page suivante)

N'oublie jamais que j'étais là pour toi
La sécurité, la cafétéria
Quelqu'un était malade ou déprimé
Il venait me voir au comité
Je t'ai montré combien j'étais généreux (se)
Que je pouvais faire le bien et beaucoup mieux
J'ai aussi milité au syndicat
Voici comment diminuer mes tracas
Ne m'oublie jamais

Pont :
Je veux te le dire, et te le crier
Avec le sourire, j'allais travailler
Tu peux bien tout faire pour me remplacer
Mais tu ne dois jamais, jamais m'oublier

Refrain
Non, je n'oublie pas que tu m'as accueilli(e)
Que tu m'as permis de gagner ma vie
Que t'avais un air de famille à Noël
Quand mes enfants étrennaient leurs bébelles
Même si je suis de la visite aujourd'hui
Te souviendras-tu de moi comme un(e) ami(e)
Que c'est chez toi que j'ai creusé ma carrière
Et si tu as bien entendu ma prière
Ne m'oublie jamais (bis)

Refrain :

Ne m'oublie jamais,   ne m'oublie jamais
Ne m'oublie jamais,   ne m'oublie jamais

DES GÉNÉRATIONS FISCALES (Avril 2009)
(Sur l'air de *Dégénération*, du groupe Mes Aïeux)

Auteur : Luc Granger (avec la participation de Dominic Doucet)
Interprètes : Paul Galbas, Johanne Mercier et Serge Grenier

1. Du temps de Marcel LeBlond
Chemise, cravate et veston
Du temps de Monique Leclair
Réunions, c'était dans l'air
Du temps de Jacynthe Tremblay
On a régionalisé
Et vint Denis Gélinas
Relève et partenariats

Tous les autres directeurs
Il faut les énumérer
On a vu Lapierre, René
Rester même pas une année
Une pensée pour Marc Blanchard
Ah! Qu'il fut triste son départ
Quant à Paul-Émile Moreau
Le toit lui est tombé sur l'dos

2. Du temps de nos grands-parents
Y'avait Revenu Canada
Y'avait très peu de changements
Ça a resté longtemps comme ça
Puis vint douanes et ses amis
Quelque temps se sont unis
Sont partis, sont pas revenus
Et c'est là qu'on en est rendu

Vint la modernisation
La décentralisation
On fit l'unification
La dés-unification
Mais en tant que fonctionnaires
Le changement l'plus dur à faire
Ce qui nous met tous en transe
C'est acquérir nos compétences

3. Dans l'temps, on pouvait fumer
Tout l'monde était boucané
Mais la loi a statué
C'est dehors qu'il faut fumer
Dans l'temps pour les réunions
À la Maison verte, nous allions
Maintenant qu'elle est fermée
On s' bat tous pour la salle 2B

Oui, les temps ont bien changé
Depuis l'inauguration
Vous faisiez tout sur papier
Maint'nant tout est sur le piton
Pour vous les vieux fonctionnaires
Les PC c'est de la misère
En technos d'information
Les jeunes vous font la leçon

4. Mais qu'on soit jeunes, qu'on soit vieux
Toujours on fait de notre mieux
Pour servir les Canadiens
Québécois, Inuit, Ontariens
On donne tous notre 100%
Pour que les gens soient contents
Et qu'ils acceptent gentiment
Qu'on soit payés régulièrement

Et puis vous mes amis
Cheveux bruns, noirs, blancs ou gris
Pourquoi êtes-vous réunis?
Ah! Ça fait trente ans aujourd'hui
Avez-vous le goût d'chanter?
Avez-vous le goût de danser?
Oui, vous êtes tous invités
À prendre part aux festivités

(Voici des couplets inédits ne faisant pas partie de la version officielle)

Mon arrière-grand-père
A ouvert l'école St-Bernard
Et puis mon grand-père
Lui a ouvert le Centre plus tard
Et quant à mon père
Lui y a rien ouvert du tout
Il a fait trente ans d'carrière
Y'est content d'en être au bout

Mon arrière-grand-mère
Travaillait à la maison
Mais pas ma grand-mère
Elle est chef d'la haute gestion
Chef d'équipe, ça c'est ma mère
À ramène sa job à maison
Ma vraie mère, c'est les gardiennes
De la garderie mitoyenne

Dans les années '80
On était jeunes et athlètes
Pour tous les sports, dans les mains
On avait toujours une raquette

Une trentaine d'années plus loin
On est rendus plus fluettes
Aujourd'hui, c'est en marchette
Qu'on jouerait au boulingrin

Pour consolider les liens
On faisait des 5 à 7
Pour être sûr qu'c'était bien «faite»
On restait jusqu'au p'tit matin
Maint'nant, on a mal au dos
Il fait trop chaud ou trop frette
Et ça nous sert de défaite
Pour rester chez nous bien au chaud

Pendant ces plus de trente ans
On en a vu des changements
Certains sont insignifiants
Mais d'autres…, personne ne les comprend
Voici un cas, un vrai bon
Finance, Administration
Leurs services sont ben trop bons?
Rapaillons-les à la Région

Mais la plus grave lacune
Fut le transfert d'la Rémun.
On l'a envoyée si loin
Que toutes nos payes restent en chemin
Et quand Santé-Canada
A vu qu'on jetait nos choux gras
Ils ont pris nos employés
Maint'nant, c'est eux qui sont bien payés!

(Note de 2017 : Ça, s'était bien avant le système de paie PHÉNIX, instauré le 1er avril 2016, qui a fait bien pire et beaucoup plus de dommages.)

La famille et les enfants
Pour nous, c'était important
Combien de temps et d'argent
Dépensés pour qu'ils soient grands
Ça a pris au moins 25 ans
Pour qu'ils comprennent vraiment
Qu'il était venu le temps
Pour eux de sacrer leur camp

Qui de nous aurait pensé
Qu'après plus de trente années
On reverrait nos enfants
Au Centre dans nos pattes tout l'temps
Les voilà bien installés
Ils nous voient déjà retraités
Ce qu'ils veulent, c'est nous piquer
Tous nos postes permanents

Écoute-moé, mon p'tit gars
As-tu l'goût d'une belle carrière
Si t'es bilingue, n'oublie pas
Tout l'argent que tu peux faire
Mais veux-tu passer trente ans
Ben assis sur ton derrière
J'sais pas si t'es au courant
C'est ça la vie d'fonctionnaire

Et puis toé, ma p'tite fille
As-tu l'goût de vite monter
Les échelons que les garçons
Ont de la peine à grimper
Si tu veux dev'nir gestionnaire
Tu n'as pas grand-chose à faire
P'tite fille écoute-moé
T'es dans un groupe d'équité

En 1980
On ne voyait pas la fin
2010 va arriver
La carrière est terminée
Nos talents ont décliné
Nos figures se sont ridées
On voit grâce à des foyers
Pis c'est là qu'on va se r'trouver

Ça fait bien longtemps qu'on sait
Que tout change sans arrêter
Mais une chose n'va pas changer
Tout est si bien ordonné
Tous nos amis sur le mail
Quand on était au travail
Tantôt, on les reverra
Sur le mail d'un centre d'achats

La moitié du Centre fiscal
Est partie à la retraite
Sous un climat tropical
Parce qu'ici il fait trop frette
La vie s'en va bien trop vite
Il faut donc se dépêcher
Avant qu'un malaise en «ite»
Vienne nous «défuntiser»

Il en restait quelques-uns
Qui ne voulaient pas partir
Leur fonds d'pension manque de bruns
Ils travaillent pour le garnir
Le Centre s'est organisé
Pour les forcer à partir
La rémun. est toute mêlée
Pis le pipeline s'est fait sortir...

FISCALIA : UN VOYAGE À TRAVERS LE TEMPS
UN «MUSICAL» PRÉVU POUR LE 25ᴱ ANNIVERSAIRE DU CENTRE FISCAL DE SHAWINIGAN

POT-POURRI DES DIRECTEURS

Monsieur LeBlond (Marcel) (1978-1986)
(*Monsieur Dupont*, Les Miladies)

Je me souviens du temps
De nos commencements
Ça fonctionnait drôlement
Pour qu'on devienne bon
Fallait des coups d'bâton
Ou un fouet fourni par le grand patron

C'était comme dans l'armée
La cravate obligée
Pour venir travailler
Ou on risquait sinon
De s'faire faire un sermon
Par le p'tit sergent de notre peloton

Monsieur LeBlond la, la, la, la (bis)
Votre passage dans cette maison jamais nous ne l'oublierons
Monsieur LeBlond la, la, la, la (bis)
Des bleus, des poques, et pleins de marques de crayons
Mais son style de gestion
Jamais nous ne pensions
Le remettre en question
Tous les petits sergents
Avaient leur régiment
Et voulaient tous ressembler au patron

Depuis qu'Marcel LeBlond
Est parti au Gabon
C't'un autre style de gestion
Y'a plus d'autorité
Y'a plus d'chefs d'unité
Maintenant les boss, ce sont les employés

Monsieur LeBlond la, la, la, la (2)
Vous devinez que vous êtes parti tout juste au bon moment
Monsieur LeBlond la, la, la, la (2)
C'est drôle, car ça fonctionne tout aussi bien qu'avant

Monsieur LeBlond la, la, la,la

Ginette (Grenier) (Adjointe à la direction)
(*Ginette,* Beau Dommage)

Voici la triste histoire vécue
D'une secrétaire très bien connue
Je vais vous conter son histoire
C'est pas normal qu'les directeurs
Partent aussi vite qu'ils sont venus!

J'ai donc commencé une enquête
Je vois bien que cela t'embête
J'ai fouillé toute ta carrière
Toutes tes astuces, on les connaît
Faut pas nous prendre pour des épais!

Ginette, Ginette
Avec tes «Hem!» puis tes «J'sais pas» et tes «Oh! Oh!»
T'as mis d'la brume dans mon enquête
Mais j'ai ben vu où était l'mal, Ginette
Arrête de nous prendre pour des sots

Quand j'leur ai posé la question
Les directeurs n'ont pas dit non
Il se pourrait même que j'aie raison
Ils m'ont dit qu'ils ont peur de toé
Qu'ils avaient hâte de s'en aller

Tu as connu six directeurs
Sans parler des intérimaires
Tous ces gens-là ont été clairs
Ginette, tu veux battre le record
Du plus grand nombre de directeurs

Ginette, Ginette
Avec tes «Hem!» puis tes «J'sais pas» et tes «Oh! Oh!»
T'as mis d'la brume dans mon enquête
Mais j'ai ben vu où était l'mal, Ginette
Ce que t'as fait, ce n'est pas beau
Oh oh oh oh oh oh!... Cha cha cha!

Paquetville (Gérald Paquet)
(*Paquetville*, Édith Butler)

Paquetville, Paquetville
Laissez donc Paquet tranquille
Paquetville, Paquetville
Laissez donc Paquet tranquille

Paquetville, Paquetville
Y veut faire sa job tranquille
Mais quand un directeur s'en va
C'est Paquet qui est nommé là

Paquetville, Paquetville
Y veut faire sa job tranquille
Prenez Payette ou Barsalou
Pis laissez donc Paquet tranquille

Paquetville. Paquetville
Laissez donc Paquet tranquille
Paquetville. Paquetville
Laissez donc Paquet tranquille

Paul-Émile Moreau (1986-1991)
(*Gigi l'amoroso*, Michaële/P. et L. Sébastian/Dalida)

Paul-Émile Moreau
Y'est arrivé, s'est installé, de LeBlond a pris la place
Paul-Émile Moreau
Entre les deux, rien de pareil, juste des différences en masse
Le langage était différent
Le style un peu beaucoup moins flamboyant

Saviez-vous qu'Paul-Émile Moreau
Y'a inventé plusieurs congés parmi les plus bizarres
Et qu'Paul-Émile Moreau
Il se l'est fait remettre su l' nez encore et encore
On pense à son congé de toit tombé
Mais plus à celui de tempête... ensoleillée

Paul-Émile Moreau
La la la la la la ...

On avait Marc Blanchard (1992-1994)
(*Si j'avais un char*, Steve Faulkner)

On avait Marc Blanchard
Et ça a changé notre vie
C'qui surprenait d'abord
Comment y'était gentil

On savait qu'tôt ou tard
Comme les autres, serait parti
Mais pas comme ça, bâtard!
Pas à cause d'une maladie

Aux fêtes du quinzième
On l'a vu ici-même
Fatigué, maigre et blême
On lui a dit «Oui, on t'aime!»

On a eu Marc Blanchard
Et ça a changé notre vie…

Un cancer a emporté Marc Blanchard en mai 1994.

La Monique (Leclair) (1994-1996)
(*Dominique*, Sœur Sourire)

La Monique, nique, nique
S'en venait tout simplement
Faire un remplacement
Après mille rassemblements
Et mis l'bordel évidemment
Elle allait sacrer son camp

La Monique, nique, nique
S'en allait tout simplement
Dans un autre département
Savent-ils c'qui les attend
Vont avoir chaud en «sacrament»
C't'une tornade, un ouragan

La Monique, nique, nique
Ira ailleurs bien certainement
Mais toujours en montant
Sous-commissaire un moment
Sous-ministre évidemment
C't'incroyable comme elle voit grand

La Monique, nique, nique
Premier ministre un instant
Chef du gouvernement
C'est bien mais elle voit plus grand
Elle veut devenir dans deux ans
Des USA, président

La Monique, nique, nique
S'en allait tout simplement...

**Monique Leclair est décédée le 12 mai 2014
après un long et courageux combat contre le cancer.**

Tourlou, tourlou, cher René (Lapierre) (1996-1997)
(*Douliou, douliou, Saint-Tropez,* Pierrette Beauchamp/Jenny Rock)

Tourlou, tourlou, tourlou, cher René (4)

Il est parti avant même d'arriver
Il avait pourtant promis de rester
Directeur pendant trois ou quatre années
Y'a vraiment plus personne à qui se fier

Tourlou, tourlou, tourlou, cher René (4)

Y' est parti avant même d'arriver
C'est peut-être sa plus grande qualité
Comme y a pas eu le temps de rien changer
Ben y' est l'directeur qu'on a le plus aimé

Tourlou, tourlou, tourlou, cher René (4)

La légende d'Oo...Gélinas (Denis) (1997-1999)
(*La légende d'Ochigéas*, Roch Voisine)

Au fond d'une salle reculée
Que l'on appelait le Courrier
Une légende a commencé

Il paraît qu'c'est là qu'il est né
On le disait miraculé
Denis, le sauveur bien-aimé

OoooooGélinas
OoooooGélinas

Dans tous les secteurs, i'est allé
Le bon exemple a donné
À ses disciples par milliers

Depuis, il n'a cessé d'monter
Jusqu'à directeur est allé
Mais quelque chose l'a arrêté

OoooooGélinas
OoooooGélinas

Oui, il s'est frappé le nez
Sur une grosse difficulté
L'anglais, il savait pas parler...
OoooooGélinas
OoooooGélinas

Ah! L'anglais, s'il avait su l'parler...

Travaux publics (Jacynthe Tremblay) (1999-2017)
(*Bancs publics*, Georges Brassens)

Les gens qui voient de travers
Pensent que l'immeuble vert
Qu'on voit dans le sous-bois
Est dirigé par un homme d'âge mûr ventripotent
C'est pas la réalité car à la vérité
C'est une femme qui en assume le pouvoir
Et la directrice est bien loin d'être un débutant

Jacynthe Tremblay vient des Travaux publics
Travaux publics, Travaux publics
Elle sait bien quand les murs sont obliques
Elle est architecte
Si elle avait été nommée quinze ans plus tôt
Quinze ans plus tôt, quinze ans plus tôt
Nous n'aurions certainement pas reçu
Le toit du Centre sur la tête!

Les gens qui voient de travers
Ne pensent que du noir
Des shows de gestion élargie
Ils disent que c'est là que des pertes de temps
Mais c'est une absurdité car à la vérité
Ils sont là, c'est notoire
C'est là la seule manière de rencontrer nos dirigeants

Jacynthe fait partie d'une grande équipe, grande équipe, grande équipe
C'est pourquoi on n'la voit pas en physique
Partie en périple
Lorsqu'on insiste pour la voir au plus tôt, au plus tôt, au plus tôt
Mieux vaut r'garder les milliers de photos
D'elle et de reconnaissance!

Jacynthe Tremblay vient des Travaux publics
Travaux publics, Travaux publics
Elle se frappe encore sur des colonnes
Des colonnes de chiffres
Il faut la voir utiliser sa règle à mesurer, à mesurer, à mesurer
Rien ne marche, il faut tout recommencer
C'est normal, à l'impôt, c'est le règlement!

Jackie (Chauvette) passera (Janvier 2017)
(*Trois fois passera*, chanson enfantine)

Jackie passera
La dernière, la dernière
Jackie passera
Le centre fiscal changera

Les premiers ont fait comme ci
Tous les autres ont fait comme ça
Ainsi, ça se fera
Quand Jackie y sera

Jackie passera
La dernière, la dernière
Jackie passera
Le centre fiscal changera

Finalement, Jackie Chauvette est déjà «passée» puisqu'elle est retraitée depuis décembre 2017; elle aura assumé la direction du Centre fiscal de Shawinigan durant ses derniers mois de vie et dirigé les premiers pas du *Centre national de vérification et de recouvrement de Shawinigan* (CNVR) nouvellement né. Josée Villemure lui a succédé, devenant ainsi la deuxième directrice de ce Centre de vérification. Quelqu'un d'autre écrira peut-être ses louanges à Josée et à ses successeurs... Qui sait?

POT-POURRI DES PERSONNAGES

Marcel Bertrand
(*Mme Bertrand*, Robert Charlebois)

Marcel Bertrand
Je suis un homme âgé de près de 55 ans
Ma calvitie, j'la cache sous un béret blanc
J'ai toujours mis un point d'honneur à m'habiller tout croche
On m'disait : mets une cravate, j'la mettais dans ma poche

Marcel Bertrand
Ça fait longtemps que je travaille à Revenu Canada
J'ai commencé ailleurs, dans la ville d'Ottawa
Comme je trouvais que je travaillais beaucoup trop comme ça
Alors j'ai décidé d'entrer dans l'syndicat

Marcel Bertrand, ah oui ! tu aimes le chiâlage
Marcel Bertrand, le trouble, le chicanage
Marcel Bertrand, et nous les surveillants
Tu nous «checquais» en sacrament!

Marcel Bertrand
Dans ma carrière, j'ai souffert de double personnalité
L'Homme de Taram longtemps, longtemps j'ai été
Ça m'a permis quand j'étais derrière ce masque caché
D'écrire des niaiseries sans être pénalisé

Marcel Bertrand
Y'en a qui disent que je devrais surveiller mon langage
Que j'ai de la misère à parler sans «sacrage»
Veux-tu ben m'dire à moé, qui c'est qui a inventé ça hostie!
Câlisse de tabarnak, ben parler, c'est ma vie!

Marcel Bertrand, tu es un personnage
Marcel Bertrand, un animal sauvage
Marcel Bertrand, qu'on rencontre en tremblant
De t'avoir connu, on est quand même contents

Marcel Bertrand !

John (A.) MacDonald had a school
(*Old MacDonald had a farm*, chant traditionnel anglais)

John MacDonald had a school he hi he hi ho
The way he taught English was cool : he hi he hi ho
«*Nobody goes to the toilet*» he hi he hi ho
«*Before he knows the alphabet*» he hi he hi ho
So John said «Hey!» A
What's a bee? B
Just let us see C
Good idea! D
So did he E
Showed an effigy F-G
Got a headache H
Your aims are so high I
So what's a jay J
A bird? O-K
We're riding hell L
B'fore you show'em M
Don't say no N-O
We need to pee P
Before the cue Q
Here ten we are R
Suffering distress S
The cup of tea T
We had from you U
Was so heavy V

See double you W
In this annex X
We're asking why Y
Nothing's easy Z
John MacDonald had a school he hi he hi ho
The way he taught English was cool he hi he hi ho
All students go to the toilet he hi he hi ho
'Cause they now know all the alphabet he hi he hi ho

Quand t'appelais Cantin
(*Dans tous les cantons*, air traditionnel)

Quand t'appelais Cantin
Dans les années quatre-vingts
Malade ou sur les nerfs
T'avais besoin d'une infirmière

Aujourd'hui, c'est fini
Elle a jeté ses outils
Elle n'est plus infirmière
Mourez donc tous, bonsoir!

Il n'y a plus d'infirmière dans notre infirmerie (Bis)

Si tu veux une catin
Du sirop, du Ritalin
Note bien ce numéro
Le 6500

Un membre du comité
Va v'nir te voir brailler
C'est tout ce qu'il peut faire
Ce n'est pas un expert

Il n'y a plus d'infirmière dans notre infirmerie (Bis)

Maintenant la Cantin
Est experte scientifique
Elle accorde tous ses soins
Aux seuls meubles ergonomiques

Ton bureau est trop haut
Ta chaise, un peu trop basse
T'as peur qu'un barreau casse
C'est Céline qu'il te faut

Il n'y a plus d'infirmière dans notre infirmerie (Bis)

Ce que fait Cantin
Dévisser la vis un brin
Si t'es plié en deux
Selon elle, c'est beaucoup mieux

Si t'es assis tout croche
Que l'PC est trop proche
Tu chiales, mais c'est pour rien
Elle fait ça pour ton bien

Il n'y a plus d'infirmière dans notre infirmerie (bis)

(Yvon) Gervais – Va-t'en! (Janvier 2017))
(*Va-t'en*, Les Sultans)

Ne fusse qu'un soir
Ne fusse qu'un instant
Le Centre n'veut plus te voir
Va-t'en, va-t'en

Tu dois partir tu sais
Vers un autre destin
Et quand je pleurerai

J'irai voir le prochain
Lui a sa psychologie
Que toi, tu n'as pas
A la fin de ce jour
Pars, pars, pour toujours

Ne fusse qu'un soir
Ne fusse qu'un instant
Le Centre n'veut plus te voir
Va-t'en, va-t'en...

Lyne (Lecours) nous emmène...
(*La Ronde*, Marc Gélinas)

Lyne nous emmène à la Ronde
À'Ronde, à'Ronde

Lyne nous emmène à la Ronde
Au cirque et aux Expos

L'autobus du Centre fiscal
(*L'autobus du show bizness*, Jean-Pierre Ferland)

Au Centre fiscal, des autobus
Y'en a qui vont partout
Pour aller en ville
Prends l'autobus qui part à toutes les heures

Mais tu peux espérer plus
Tu paies ta place
Et Lyne Lecours
T'emmène plus loin ailleurs

Quand l'autobus est plein
Ça... C'est l'plus beau moment de sa vie

Et quand le chauffeur conduit
Tu joues au bingo
Et tu t'endors sur le vidéo
Et quand tu t'réveilles
T'es presque revenu d'où tu étais parti
Déjà le voyage est fini
Lyne, t'es une artiste
T'es une artiste, une artiste...

Messieurs les robots
(*Monsieur le robot*, Les Lutins)

Lorsque je les ai vus
Sur le mail, se promener
Je ne me suis pas gêné
Pour leur dire leur vérité :

Je vous aime beaucoup
Messieurs les robots
Mais vous avez «clairé»
Quatre bons employés
D'la salle du courrier
On trouve pas ça beau

Lais-sez-nous-pas-ser-le-cour-rier
C'est-pas-d'notre-faute-ce-qui-est-arrivé...

Messieurs les robots
Ne rêvez pas trop
Quand vous serez rouillés
On va vous «scrapper»
Messieurs les robots...

Lais-sez-nous-pas-ser-le-cour-rier
C'est-pas-d'notre-faute-ce-qui-est-arrivé...

Ils sont partis (Hommage au personnel décédé)
(Exodus, E. Gold/Les Classels)

Ils sont partis, plusieurs de nos amis
Pensons à eux aujourd'hui
Ils ont croisé nos pas
Ils ont croisé nos vies
C'est pourquoi nous ne les oublierons jamais...
Ils sont partis...Mm mm mm

(Employé(e)s du Centre fiscal de Shawinigan décédés à la date de parution)
- Liste non exhaustive -

Line Adam, Pierre Arcand, Suzanne Arvisais-Samson, Germain Aubin, France Audet, Carole Baril, Diane Beaudoin, Jean-Luc Beaudoin, Fernande Beaulieu, Gaétan Beaulieu, Lionel Beaulieu, Gaétan Bédard, Suzanne Béland, Marc-André Benoît, Odette Bergeron, Guy Bernard, Renée Berthiaume, Martine Bérubé, Anne-Marie Bigras, Pierre Bisson, Marc Blanchard, Constance Boissonneault-Francoeur, Lisette Boisvert, Rita Boisvert-Lesage, Henri Boivin, Diane Bonenfant-Montambault, Denise Bordeleau, France Boucher, Gérard Boucher, Jean-Guy Boucher, Lola Boucher, Lucie Boucher, Jean-René Bourassa, Madeleine Bousquet, Claude Brodeur, Pierrette Brossard, Lise Brouillette, Suzie Brousseau, Madeleine Brunelle, Michel Brunelle, Solange Carbonneau, Rémi Carpentier (disparu le 4-12-1994), Margot Cassidy, Julie Champigny, Louise Charland-Chiasson, France Cloutier, Sylvie Cloutier-Grenier, Liliane Cossette-Basi, Rita Côté-Roberge, Alain Delisle, Ginette Désaulniers, Lise Deschesnes, Lucie Deschesnes, Doris Desjardins-Lupien, Danielle Dessureault, Guy Dolbec, Michel Dubé, Claude Dulude, Normand Dumont, Hélène Filion, Linda Flageole, Léo Flageol, Diane Gagnon, Ferdinande Gélinas, Jocelyne Gélinas-Mayer, Louise Gélinas, Gaétane Germain-Alarie, Suzanne Giguère, Gaétane Girard, Line Giroux-Robitaille, Pierre Gobeil, Marie-Andrée Gosselin-Lefebvre, Anne Grenier-Désaulniers, Henri Grenier, Réjean Guay, Carole Hagan, Claude Hamelin, Colette Harnois, Jean-Gérard Hotte, Danielle Houde, Diane Houde, Nicole Houle, Louise Laberge, Huguette Lachance, Jean Lafontaine, Yvon Lafrenière, Danielle Lamarche, Lise Lampron, Francine Lamy-Massicotte, Réal Leblanc, Monique Leclair, Lise Lefrançois, Ginette Lemay-Béland, Claire Lemieux, Jean Lemieux, Renée Lemieux, Marcelle Lizotte, Paulette Longtin, Jacques Magnan, Vicky Marchand, Louise Marcouiller, Francine Massicotte, Nicole Massicotte-Brouillette, Jean-Claude Matteau, Georges Mills, Cécile Morand, Carole Morin-Ricard, Jocelyne Naud, Joanne Philibert, Jacques Pickup, Danielle Piquette-Doyon, André Plante, Luce Pothier, Francine Pouliot, Josée Pratte, Micheline Pruneau-Bellemare, Huguette Ricard-Gélinas, Pierre Ricard, Jocelyne Richard, Thérèse Roberge, Jean-Claude Rousseau, Marie-Paule Roy, Sylvie Roy, Chantal St-Onge, Gisèle St-Pierre- Hayes, Jean-Guy Simard, Marion Smith, Christiane Savard, Mariane Simard, Rita Spénard, Micheline Starzewski, Évariste Tanguay, France Therrien, Gertrude Thibault, Jocelyne Thiffault, Louise Thiffault, Normand Tringle, Pauline Trudel, Louise Turcotte-Dufour, Thérèse Vendramini, Martine Villemure, Louise Yergeau.

Spectacle du 20ᵉ anniversaire du Centre fiscal de Shawinigan-Sud

Vendredi, 9 avril 1999

(Texte paru dans le Trait d'union de mai 1999)

Ce qui devait être, au départ, une chanson thème des fêtes du 20ᵉ du Centre fiscal de Shawinigan-Sud est devenue un pot-pourri de 24 chansons et, surtout, tout un défi à moins de deux mois de la soirée fatidique : faire interpréter ce pot-pourri par deux chanteurs, Gilles Bergeron et Serge Grenier, et deux chanteuses, Lucie Proulx et Line Thiffault, accompagnés d'un pianiste, Guy Landry.

J'ai tenté, en composant ce pot-pourri de chansons, de faire revivre à coups de clins d'œil, autant l'histoire du Centre fiscal que les histoires qui y ont circulé durant ces vingt années écoulées. «Le faux et le vrai», «le bon et le mauvais» s'y côtoient sans honte et sans gêne.

La seule représentation publique s'est déroulée à l'endroit même où ont débuté les opérations fiscales à Shawinigan : l'école Saint-Bernard. La centaine de spectateurs a pu constater que le défi avait été relevé avec brio!

Mais cela n'aura pas été sans sueurs froides! Un exemple illustrera ce que je veux dire : avant la première du show, incluant la générale, les artistes n'avaient pas chanté le pot-pourri dans son entier une seule fois! Les artistes sur scène ont donc dû se donner à fond!

Ces gens-là méritent amplement le succès qu'ils ont obtenu ainsi que le rappel qui leur a été demandé. Chapeau les artistes!

Note 1 : Ce que je crains le plus? Que les historiens du futur tentent de réécrire l'histoire des 30 premières années du Centre fiscal de Shawinigan-Sud avec ce seul document retrouvé!

Note 2. La version du pot-pourri présenté ci-après est la version augmentée prévue pour le 25ᵉ anniversaire du CFSH. Une grande partie de ces textes n'ont donc pas été interprétés lors de la représentation du 9 avril 1999.

TOUS LES BLUES

LE BLUES DU COMMENCEMENT

C'est un beau roman
(*C'est un beau roman*, Michel Fugain)

C'est un beau roman
Vingt (*maintenant «30»*) ans et plus d'histoires
Qui commença loin dans le passé (le passé)
C'est un vent de décentralisation
Qui dispersa dans plusieurs régions
Toutes les déclarations fisca...les...

À St-Bernard
(*À St-Malo, beau port de mer*, traditionnel)

À St-Bernard, école primaire (bis)
Rev'nu Canada est arrivé
Nous d'Shawinigan
Nous allons nous engager
Au Centre des données fiscales (fiscales)

À St-Bernard, école primaire (bis)
Rev'nu Canada est arrivé
Nous de Trois-Rivières
Nous allons nous engager
Au Centre des données fiscales (fiscales)

À St-Bernard, école primaire (bis)
Rev'nu Canada est arrivé
Nous d'la Mauricie
Nous allons nous engager
Au Centre des données fiscales (fiscales)

Les portes du Centre des données
(*Les portes du pénitencier*, V. Buggy/A. Price/H. Aufray/Johnny Halliday)

Les portes du Centre des données
Bientôt s'ront inaugurées
Et c'est là que deux mille employés
Trente ans vont travailler

Jeunes gens qui venez juste d'entrer
Vous a-t-on avisés
Qu'il faudra vraiment travailler
Et pas juste fonctionner

Vous aurez droit à des congés
À des vacances l'été
Mais dix boss sur l'dos vous aurez
Oui, vous s'rez surveillés

Après vingt ans, j'suis ben tanné
J'ai hâte d'être retraité
Mais y m'reste encore dix années
Pour pas être pénalisé

Le toit, la neige nous font chômer
Y'a les vacances, les congés
Non, rien ne m'f'ra changer d'idée
Le Centre, c't'un pénitencier...
Le Centre, c't'un pénitencier...

Au début
(*Agadou*, Patrick Zabé)

Au début, but, but, on peut fumer mais pas d'café (bis)
Pas de pommes, pas de poires
Pas de chips ni de liqueur
Ça peut faire des histoires
Et d'la peine au directeur

Si tu vas à Montréal
C'est pas comme au Centre fiscal
Si tu vas à Ottawa
Ça ne fonctionne pas comme ça

Oui, partout au Canada
De St-Jean à Victoria
Les gens mangent à leur bureau
Fa qu'nous, on a l'air nonos

Mais un jour, jour, jour, plus de fumée, mais bois l'café (bis)
T'as ta pomme, t'as ta poire
T'as ton chip t'as ta liqueur
Pour tout le monde c'est la foire
L'allégresse et le bonheur

Mais un jour, jour, jour, plus de fumée, mais bois l'café (bis)
T'as ta pomme, t'as ta poire
T'as ton chip t'as ta liqueur
Qui fait d'l'argent avec ça
Oui, c'est la cafétéria

LE BLUES DES DINOSAURES

Avec l'édification du centre fiscal, arrivait de l'extérieur une gestion déjà âgée et expérimentée. Ces gestionnaires apportaient avec eux, un mode de gestion qui, au fil du temps, a beaucoup évolué. C'est la retraite de ces gestionnaires de la première heure que j'ai appelée la disparition des dinosaures.

Le temps des dinosaures
(*Le temps des cathédrales*, L. Plamondon/R. Cocciante/Starmania)

C'est une histoire qui a commencée
Extrêmement loin dans le passé
Le Centre venait d'être créé
Il n'était même pas érigé

Déjà dominait cette race
Qui tenait dans ses mains la masse
Vingt-cinq années des mêmes grimaces
À la fin, on se lasse

Il est fini le temps des dinosaures
Ils sont tous partis
Sans un pleur et sans un cri

Les Paquet, Barsalou, Payette
Ont sacré leur camp
Sous les applaudissements

Il est venu le temps de la gestion moderne
Oui, car le monde a changé
C't'au tour des femmes de diriger

Villemure, O'Shaugnessy, Chauvette
Les ont remplacés
Elles n'auront pas un meilleur sort, car...

Ce seront elles les dinosaures...

LE BLUES DU P'TIT BOSS
Le boss est bleu
(*L'amour est bleu*, P. Cour/A. Popp/Nana Mouskouri)

Bleu, bleu, le boss est bleu
Trop basse est la productivité
Bleu, bleu, le boss est bleu
Faut fouetter un peu plus cette année

Blanc, blanc, le staff est blanc
On parle même de harcèlement
Blanc, blanc, le staff est absent
Il est allé se faire soigner

LE BLUES SYNDICAL
Je reviendrai au Centre fiscal
(*Je reviendrai à Montréal*, Robert Charlebois)

Je reviendrai au Centre fiscal
Avec un papier médical
Je le donnerai au patron
Pour vaincre ses hésitations

Je reviendrai au Centre fiscal
Muni d'un papier médical
Si ça marche pas, ça m'est égal
J'ai mon délégué syndical…

Travailler, c'est ben dur
(*Travailler, c'est trop dur*, de Zachary Richard)

Travailler, c'est ben dur
Quand nos salaires sont gelés
D'mander la parité
Et cinq pour cent, c'est pas gros

Sept ans le même salaire
Comme Union, il faut l'faire!
On est devenu champions
De la marche à reculons!

C'est le temps des vacances
(*Le temps des vacances*, Pierre Lalonde)

Ron, ron, ron wa da dou
C'est le temps des vacances (bis)

C'est le temps des vacances
Celles qu'on veut bien nous donner
On a cinq s'maines par année
Nous, on veut les prendre l'été

Mais quand le boss fait sa cédule
Il nous r'garde de travers
«Prenez-en deux, les autres j'annule»
Ça nous met en calvaire!

C'est le temps des vacances
Celles qu'on veut bien nous donner
Si i' a besoin d'notre présence
C'est pour «opérationner»

Prenez-en deux, mais pas collées
Il ne faut pas exagérer
Les trois autres, faut les «splitter»
En septembre pis en mai

C'est pas l' temps des vacances
Pour tous les employés
Pendant qu'y vont travailler
Leurs boss prennent tout l'été…
Ron, ron, ron wa da dou
C'est le temps des vacances (répéter)

24 décembre
(*23 décembre*, Beau Dommage)

Toute la famille nous attend pour réveillonner
Pour l'occasion, on s'en va tous au Saguenay
Mais ce jour-là, nous on travaille
Jusqu'à midi, jusqu'à deux heures, personne le sait
On sait jamais quand ce jour-là va s'terminer

À chaque année, c'est un secret très bien gardé
En fin d'journée, une tempête est annoncée
Ça vas-tu être comme l'an passé
On a fêté Noël dans l'char dans un fossé
Parce que personne est pus capable de décider

24 décembre, Joyeux Noël, y faut rester
C't'encore Ti-Cul qui va arriver... Minuit passé...

LE BLUES DE LA RÉUNIONITE

Comités d'ci...
(*Comme un soleil*, Michel Fugain/Nana Mouskouri)

Comités d'ci, comités pour ça
Des comités, y'en a trop à ce que l'on dit
Écoutez-moi, on dit n'importe quoi (bis)

Demandez-moi le nom d'un comité
N'importe lequel, je vous le donne
Y'en a des faciles, des compliqués
Pour moi, c'est trois fois rien
Je suis bien informé(e)
Santé, social, PAE, Partenariat

Ne vous fatiguez pas, je les suis pas à pas
Et s'il arrive qu'un nouveau soit formé
J'envoie tout de suite mon CV

Comités d'ci, comités pour ça
Des comités, y'en a plein et j'en fais partie
Parlez-moi d'ça, tout c'temps-là, tout c'temps-là
Parlez-moi d'ça, tout c'temps-là, moi, j'travaille pas…

Où est passé tout ce monde
(*Où est passé tout ce monde*, Harmonium)

Où est passé tout ce monde
Que j'essaie de rencontrer
J'ai convoqué tout le monde
Qui peut m'dire où est-ce qu'ils sont allés?
Ta dou di da di dam…

La Maison verte
(*Comptine de la Souris verte*, Radio-Canada)

Dix restos
Neuf bistrots
Huit terrasses
Sept cafés
Six snack-bars
Cinq casse-croûte
Quatre brasseries
Trois tavernes
Deux roulottes
Une Maison verte

Y'é t'en réunion
(*L'arbre est dans ses feuilles,* Zacharie Richard)

Y'é t'en réunion, maridon, maridé
Y'é t'en réunion, maridon, dondé

Dans le Centre, y'a un p'tit boss (bis)
Y'é pas là le mardi
Y'é t'en réunion, maridon, maridé
Y'é t'en réunion, maridon, dondé

Dans le Centre, y'a un p'tit boss (bis)
Y'é pas là le mardi
Y'é pas là l'mercredi
Y'é t'en réunion, maridon, maridé
Y'é t'en réunion, maridon, dondé

Dans le Centre, y'a un p'tit boss (bis)
Y'é pas là le mardi
Y'é pas là l'mercredi
Y'é pas là le jeudi
Y'é t'en réunion, maridon, maridé
Y'é t'en réunion, maridon, dondé

Dans le Centre, y'a un p'tit boss (bis)
Y'é pas là le mardi
Y'é pas là l'mercredi
Y'é pas là le jeudi
Y'é pas là l'vendredi
Y'é t'en réunion, maridon, maridé
Y'é t'en réunion, maridon, dondé

Dans le Centre, y'a un p'tit boss (bis)
Yé pas là le mardi, y'é pas là l'mercredi
Y'é pas là le jeudi, y'é pas là l'vendredi
Mais y'é là le lundi...
Mais l'boss est dans ses feuilles maridon, maridé

Le boss est dans ses feuilles, maridon, dondé
Mais l'boss est dans ses feuilles maridon, maridé
Le boss est dans ses feuilles, maridon, dondé
Le boss est dans ses feuilles…
…Défense de l'déranger!

LE BLUES DE L'EMPLOYÉ(E)

Le blues de l'employé(e)
(Le *Blues du businessman,* L. Plamondon/R. Cocciante/Starmania)

J'ai du succès dans mon travail
À tous les jours, j'donne mon 120
Entre deux pauses sur le mail
J'ai mon bureau au fond d'une salle
J'ouvre le courrier d'puis '80
Pour moi ce n'est pas l'idéal
Qu'est-ce que tu veux mon vieux
Dans la vie on fait ce qu'on peut
Pas ce qu'on veut…

J'aurais voulu être chef d'équipe
Et non pas juste un numéro
Moi, les concours, ça me constipe
Ça fait que j'ai toujours zéro

J'aurais voulu être gestionnaire
Pour gagner un meilleur salaire
J'aurais voulu être directeur
Pour pouvoir dire «C'est moi l'meilleur»
Pour pouvoir dire «C'est moi l'meilleur»

J'aurais voulu être sous-ministre ou ou
Fa dou di di fa dou da oh oh!
Là, on a évité un sinistre…

Je suis bilingue
(*Je suis malade,* Serge Lama)

Ce travail me tue
Si ça continue
J'me rendrai pas à' pension
Assis à mon bureau
Comme un pauvre nono
Cherchant dans mon ciboulot
Les bons mots qu'il faut

Je suis bilingue
J'ai mes trois «B», bilingue
Les gens d'la région de Montréal
Quand je m'adresse à eux, on s'comprend pas trop mal

Je suis bilingue
Avec mes «B», bilingue
Mais ceux d'la région d'Sudbury
Trouvent que je n'en sais pas assez
Moi qui s'pensais parfaitement
Bilingue

Je ne suis plus bilingue
Et ça... ça m'rend malade!

Le bilinguisme a toujours été une force du Centre fiscal de Shawinigan. C'est à ce centre fiscal que l'on a confié, en 1998, le traitement des déclarations d'impôt des particuliers et des sociétés des régions du Québec à forte concentration d'anglophones et certaines régions de l'Ontario à forte concentration mixte (francophones/anglophones). De la formation et des engagements de nouveaux employés ciblés sur ce critère du bilinguisme ont permis au Centre fiscal de Shawinigan de se hisser, à ce titre, au premier rang de tous les centres fiscaux du pays.

LE BLUES DE L'OCCASIONNELLE

Ordinaire
(*Ordinaire*, Robert Charlebois)

Je suis une fille ben ordinaire
Des fois, j'ai pas l'goût de rien faire
Y faut que j'me botte le derrière
Ma production est pire qu'hier
Sur la liste, chus la dernière
Y faut que j'pense à ma carrière

J'cours les concours
(*Miss Pepsi*, Robert Charlebois)

J'cours les concours
Y paraît qu'j'ai tout' pour
J'les ai tous essayés
Mais ça m'a rien donné

Je fais de la quantité
Un' job de qualité
Je suis très bon coéquipier
Les autres, je suis prêt à aider
Je suis bien apprécié
J'ai un très bon dossier
J'sais pas c'qui peut m'manquer
Faut-il en plus «licher»...

J'cours les concours
Y paraît qu'j'ai tout' pour
J'les ai tous essayés
Mais ça m'a rien donné

Comme Cr-02
(*Mon pays bleu*, Roger Wittaker)

Moi, je travaille comme Cr-02 (ter)
Et j'ai toujours travaillé comme deux...

Je suis occasionnelle
(*Je suis infidèle* de Claude Dubois)

J'suis occasionnelle
J'travaille comme une belle
Le stress m'envahit
Je suis fatiguée, je suis épuisée
J'suis aux travaux forcés
J'suis à côté d'celle
Qui est à l'année elle
Permanente à vie
Tout lui est permis
Même le travail au ralenti...

Donnez-moi des pauses
(*Donnez-moi des roses*, J.-P. Mottier/Fernand Gignac)

Je travaille DACON depuis quelques années
De la fin-février jusqu'à la fin de mai
En vraie superwoman, je dois me transformer
Le jour à la maison, au bureau la soirée

Donnez-moi des pauses, mademoiselle
Car j'ai mal aux doigts d'avoir tant tapé
Je m'en vais fumer, je m'en vais à la selle
Les p'tits cinq minutes, je les ai gagnés

Mon travail n'est pas rose, oui c't'une job cruelle
Car il me faut taper des milliers de données
Après mon contrat, j'suis bonne pour la poubelle
Car travailler trois mois, ce n'est plus assez
Ce n'est plus assez, ce n'est plus assez, pour notre DRHC...

LE BLUES DE LA PARITÉ

La parité
(*La parenté est arrivée*, air traditionnel)

La parité va arriver vous visiter
Dans la s'maine des quatre jeudis
Oui, la parité va arriver vous visiter
Ça donne rien de rouspéter

La parité va arriver vous visiter
Dans la s'maine des quatre jeudis
Oui, la parité va arriver vous visiter
Quand vous s'rez tous des retraités

La parité va arriver vous visiter
Dans la s'maine des quatre jeudis
Oui, la parité va arriver vous visiter
Vous s'rez tous morts et enterrés

La parité va arriver vous visiter
Dans la s'maine des quatre jeudis
Quand la parité va arriver vous visiter
Vos enfants s'ront heureux d'en hériter…

Excusez-la!

C'est en l'an 2000 qu'ont été remis aux employés des groupes désavantagés visés (CR, ST et autres) les chèques d'équité salariale, un ajustement visant à ajuster les salaires de ces groupes à forte majorité de femmes à ceux des groupes à majorité d'hommes.

Le déserteur
(*Le Déserteur*, Boris Vian/Serge Reggiani)

Monsieur le directeur
Je vous fais cette lettre
Que vous lirez peut-être
Si vous avez le temps

Je viens de recevoir
Mon chèque paritaire
Oui, celui que j'espère
Depuis déjà longtemps

Avec tout cet argent
Je ne suis plus le même
Je suis riche en carême
Ma job, j'vais déserter

Monsieur le directeur
Ma job, j'veux plus la faire
Est plate, a m'désespère
C'est rien d'intéressant

Je n'rêverai plus jamais
Des plages de mon horaire
Car là, je sais quoi faire
C'est Palm Beach qui m'attend

Monsieur le directeur
Ma job, qui va la faire?
Quelqu'un à bas salaire
Sûrement pas un CR

Un PM ordinaire
Ferait sûrement l'affaire
Donnez-lui, ça l'fera taire
Un intérim CR...

LE BLUES DE DRHC
(DRHC : Développement des ressources humaines Canada)
(*YMCA*, Village People)

Jamais, on n'aurait imaginé
Oh! Non jamais!
Qu'la rumeur était fondée
Mais oui, c'est vrai!
Ça s'est concrétisé
L'arrivée de qui vous savez

Jamais, on n'aurait imaginé
Oh! non jamais!
Qu'la rumeur était fondée
Mais oui, c'est vrai!
Ça s'est concrétisé
L'arrivée de DRHC

(On a laissé entrer - DRHC)
(On a laissé entrer - DRHC)
Quand ils sont arrivés
Il a fallu s'tasser
Nous, on est bien tannés de réaménager
(On a laissé entrer - DRHC)
(On a laissé entrer - DRHC)
D'ici quelques années
On s'ra bien trop serrés
Qui pensez-vous qui devra s'en aller?

(Oui, ce sera bien sûr) DRHC
(Oui, ce sera bien sûr) DRHC
Les premiers arrivés vont rester les derniers
(Oui, ce sera bien sûr) DRHC
(Oui, ce sera bien sûr) DRHC
C'est pas facile de voir ses amis s'en aller...
DRHC

LE BLUES DES ENFANTS

À' garderie (La Bottine souriante)
(*La Manic*, Georges Dor)

Si tu savais comme on est bien à' garderie
On joue, on dort, on mange, on crie
D'temps en temps nous on rit

On est loin de vos sautes d'humeur
De vos caprices, de vos fureurs
Vous nos parents de temps en temps
Ici on s'occupe de nous
On nous permet de faire les fous
Et du tapage

Si tu savais comme on est bien à' garderie
On joue, on dort, on mange, on crie
D'temps en temps nous on rit
La garderie c't'une bonne idée
Ça a gagné un prix bien mérité
Qu'est-ce que tu veux, c'est une merveille
On a tout ce qu'il faut dans' journée
Y'a juste une chose qui nous ennuie
C'est l'voisinage

Si tu savais comme on est bien à' garderie
On joue, on dort, on mange, on crie
D'temps en temps nous on rit

Si tu savais comme on est bien à' garderie
Même si c'est là qu'vous nous «dompez»
Pour vous débarrasser...

LE BLUES DU FUMEUR

Je vais fumer
(*Tout va très bien*, Charles Trenet)

Je vais fumer dehors sous la marquise
Je vais fumer, tout va très bien
Je vais fumer dehors sous la marquise
Je vais y voir tous mes copains

Je vais fumer dehors sous la marquise
Je peux fumer, tout va très bien
Je vais fumer mais là quelle surprise
Dehors «christi», il fait moins vingt!

Gèle
(*Belle*, L. Plamondon/R. Cocciante/Notre-Dame de Paris)

Belle, oui l'été ça va, la météo est belle
Assouvir alors son vice est tel que tel
Mais à l'automne, on voit venir le mauvais temps
L'hiver s'en vient, y va faire fret en «sacrament»

On va être encore parqués en d'sous d'la marquise
On n'est pas à l'abri du froid ni de la brise (Gèle)
Y paraît qu'on ressemble à des jambons fumés
Et qu'on fait peur aux clients de DRHC
Faudrait peut-être que je pense à arrêter
Je me donne encore deux trois ans pour y penser

Gèlent, le visage, les mains, les pieds, les doigts gèlent
Rien ne sert de se faire aller les «quételles»
On n'a pas d'autre choix que de se résigner
De souffrir puis d'attendre que revienne l'été

Que l'on fume des Du Maurier ou bien des Gitanes
Moins trente Celsius, c'est normal que tout l'monde se tanne (Gèle)

On a souvent demandé à la direction
De construire quelque chose pour notre protection
Depuis quinze ans, on en a vu passer des plans
Mais on nous dit qu'on n'a jamais assez d'argent

Au Centre fiscal tous les fumeurs dehors se gèlent
On n'y peut rien depuis quinze ans c'est l'règlement (Gèle)
On r'garde monter notre boucane vers le ciel
On y ajoute une prière en supplément
Pour que l'bon Dieu nous envoie enfin du beau temps
Surtout là qu'on arrive à la fin du printemps
Notre espoir s'envole comme la fumée du tabac

LE BLUES DU COUPLE
Toi et moi
(*Toi et Moi,* César et ses Romains)

Toi et moi, c'est bien fini
J'me suis fait une autre amie
Elle travaille à la Coti
Maudit démon du midi
(Wa wa wa wa)

Toi, tu prends l'assurance-vie
La maison, la garde des p'tits
Ma pension, les meubles aussi
Tout c'qui m'reste, c'est un habit
(Wa wa wa wa)

Maintenant qu'c'est terminé
Que t'as pris toute ta moitié
L'avocat, il faut régler
Dis-moi qui va le payer :
Toi ou moi?

LE BLUES DES CHANGEMENTS

C'est beau l'impôt
(*C'est beau la vie,* Jean Ferrat)

J'sais pas ce qui leur a pris
Pourtant je suis bon commis
Spécialiste des avis
Que c'est beau, c'est beau l'impôt

J'aime les contribuables
Eux ne sont pas très aimables
J'ai beau les appelés clients
Que c'est beau, c'est beau l'impôt

Je leur envoie un avis
Ils ne me disent pas merci
Le huissier n'leur à pas dit
Qu'à l'impôt on est gentils

J'sais pas ce qui leur a pris
Moi, j'les appelle mes amis
Mais faut qu'ils payent avant mardi
Que c'est beau, c'est beau l'impôt

Taxation
(*Conception,* Robert Charlebois)

Elle s'appelait Taxation
Et puis arriva la fusion
Changer le nom de la maison
Y'en a un dont c'est la mission
Confusion...

Attention, ça sonne, ça sonne
Je dois répondre au téléphone
(Aïe, aïe, aïe, aïe, aïe, aïe)
C'est un anglais, pis tout c'que j'sais, c'est dire oui ou non
(Ouille, ouille, ouille, ouille, barnak)
Ça, ça s'appelle une complication

Elle s'appelait Taxation
Et puis arriva la fusion
On bâtit une grosse maison
Pour installer tout l'monde d'la Région

Attention, est bonne est bonne
Y'a plus de monde là qu'ailleurs dans la région
(Aïe, aïe, aïe, aïe, aïe, aïe!)
Mais c'est le bébé de madame Châtillon
(Ouille, ouille, ouille, ouille, barnak!)
Si elle en voit un chialer, ça s'ra pas l'fun

Elle s'appelait Taxation
Et puis arriva la fusion
On n'avait pas sondé la «union»
On veut un vote pour l'abandon
D'la fusion...

Bye, bye, mon douanier (Inédit - Janvier 2017)
(*Bye, bye, mon cowboy*, J.-P. Isaac/Mitsou)

Bye, bye, mon douanier
Bye, bye, tu m'tournes le dos
Ça n'semble pas dur de t'en aller
D'être avec moi, tu n'étais pas chaud!

LE BLUES DES COMPÉTENCES

Les compétences (Inédit – Février 2017)
(*La confiance*, M. Ray, J.-L. Chauby)

Nous nous demandons quelquefois
Sur quoi se basait ton ouvrage
Quand nous étions très loin de toi?
Tu faisais de ton mieux? Ah! C'est dommage!
Nous nous demandons quelquefois
Car nous n'avons jamais bien compris :
Comment faisais-tu quand nous n'étions là?
Sur quoi se basait ta vie?
Et c'est alors que :

Les compétences
Les compétences
Tu vivais malgré tout le poids de notre absence
Les compétences
Finie pour toi l'horreur de toutes ces nuits de transe
Sans compétences

Les compétences
Les compétences
Guy Marcouiller te montre toute l'importance
Des compétences
Pourquoi dis-tu qu'elles sont source de souffrance?
Les compétences

Les compétences
Les compétences
Tout contradicteur est réduit à l'impuissance
Les compétences
Car veux, veux pas, nous serons toujours là…

…Les compétences!

LE BLUES DE LA RECONNAISSANCE

Chers employés
(*Gens du Pays*, Gilles Vigneault)

Le temps que l'on prend
Pour nous adapter
Voilà qu'on apprend
Que tout a changé
Revenu Canada
Peut s'appeler Agence
Bien sûr, on n'a pas pris de chance
On a gardé les employés

Chers employés, c'est votre tour
De vous laisser parler d'amour
Chers employés, c'est votre tour
De vous laisser parler d'amour

Le temps que l'on prend
Pour nous apprécier
Est plus important
Qu'ces banalités
Quel que soit le nom
D'l'organisation
Travailler la main dans la main
Donnera de meilleurs lendemains

Chers employés, c'est votre tour
De vous laisser parler d'amour
Chers employés, c'est votre tour
De vous laisser parler d'amour

(Répéter plusieurs fois le refrain)

LE BLUES DE LA PAYE

Phénix (Inédit - Juin 2017)
(*L'oiseau*, René Simard)

Je connais l'angoisse amère
De la peur, la faim et la misère
Si je pouvais le retrouver
Ce Phénix qu'on ne voit jamais
Car l'oiseau Phénix s'est envolé
Avec ma paye, jamais je ne l'aurai
Oui j'ai vu l'oiseau s'envoler
Phénix existe, oui ça je le sais
Je ne peux plus que l'appeler
L'oiseau que tous voudraient étrangler

Si jamais je le rencontrais
Ce bel oiseau que tu as créé
Oui, ce Phénix si mauvais
Et qui a tant fait maugréer
Tout le personnel a son voyage
D'un système qui ne fait que ravages
Moi, vois-tu je lui parlerais
De la misère qu'il nous a causée
Et tant d'autres histoires vraies
En espérant l'apprivoiser

S'il revient de son voyage
Je lui dirai que je l'attendais
Pendant ce temps-là, je ménage
Et sur le «Bien-Être» je m'en vais…

LE BLUES DU RETRAITÉ

La retraite (Inédit - Janvier 2017)
(*La Manic*, Georges Dor)

Si tu savais comme on s'ennuie... pas du bureau
Chez nous, le jour comme la nuit
On n'a plus qu'un bourreau

C'est sûr qu'il nous dira quoi faire
Qu'il a préparé notre horaire
Rempli de tâches ménagères
Fais cela, fais ceci
Tu ne peux pas rester assis
Sur ton derrière

Si tu savais comme on s'ennuie... pas du bureau
Du temps, on n'en a plus de trop
La mort nous montre ses crocs

Toutes ces choses qu'il faut faire vite
Avant l'âge de 68
Il y a la santé qui s'effrite
Six mois à Miami
Six mois mais pas plus mes amis
C'est la limite

Si tu savais comme on s'ennuie... pas du bureau
La résidence des vieux en gros
Offre gîte et repos

C'est sûr qu'on y mange du mou
Mais quand on a mal tout partout
On ne manque pas de pilules
Mais la relève pullule
On nous enterre coup sur coup
Selon la cédule

Si tu savais comme on s'ennuie... d'la garderie...

-FIN -

Lettre du directeur à ses arrière-petits-enfants

Fantaisie sur le thème
de la décroissance des volumes de travail

Avant-propos

2016 – Annonce d'un changement de vocation du Centre fiscal de Shawinigan : il deviendra, en 2017, un centre de recouvrement et de vérification. Ce qui reste des activités fiscales saisonnières seront réparties dans d'autres centres fiscaux au Canada. J'ai rédigé le texte qui suit, en 2009, pour le directeur, Denis Gélinas. Moi, l'auteur de la lettre, j'avais ciblé 2015 pour ces changements ... Pas mal, non?

Mon cher arrière-petit-fils, ma chère arrière-petite-fille,

Aujourd'hui 18 septembre* 2025, me voici (enfin!) rendu à l'aube de ma retraite comme employé de l'Agence du revenu du Canada et comme directeur du Centre virtuel de l'observation fiscale de Shawinigan où étaient regroupées les toutes dernières activités fiscales du Canada. Aujourd'hui, finira pour moi et les quelque 30 employés qui s'affairent à mettre leurs affaires personnelles dans des boîtes, cette ère commencée en 1977, année de la décentralisation de certaines activités fiscales d'Ottawa vers l'école Saint-Bernard puis au Centre des données fiscales de Shawinigan-Sud, qui devint plus tard, le Centre fiscal de Shawinigan, et finalement, depuis 2010, le Centre virtuel de l'observation fiscale de Shawinigan.

Demain, il ne restera plus rien de toute cette aventure pour une raison bien simple : toutes les activités et opérations de l'impôt, autant celles des provinces que celles du pays, se font dorénavant via des systèmes informatisés.

Le contribuable produit maintenant sa déclaration de revenu uniquement par les seuls moyens électroniques : il est défendu par la

*Le 18 septembre est l'anniversaire de l'auteur et non celle de Denis Gélinas.

Loi sur le développement durable votée en 2021, de produire quelque déclaration que ce soit par l'entremise du papier. Dorénavant, toutes les transactions doivent se faire par voies informatiques. Bien sûr, pour vous les jeunes, cela est banal, vous avez été élevés dans cet univers cybernétique : qui de vous deux a déjà vu ou entendu parler d'un cahier à colorier? Pour vous, les éditions papiers des journaux La Presse et The Gazette, ne sont plus que des reliquats d'une ère de gaspillage éhontée de nos forêts. Il faut dire que même en 1990, certains visionnaires questionnaient déjà leurs éditions du mercredi et du samedi qui étaient, il faut bien l'avouer, une insulte au bon sens écologique. Il y a quelques années encore, ils ont fait l'objet de démonstrations monstres et d'un boycottage généralisé qui a progressivement amené leur disparition.

La **Taxe sur le papier**, une peine infligée aux contrevenants, car il en reste de ces journaux pour nostalgiques, est dure et sévère et comporte d'autres pénalités que de simples amendes : l'autre jour au journal Internet, on a pincé un contrevenant qui a osé transgresser la *Loi sur la préservation des réserves d'arbres en voie de disparition* en faisant paraître un quotidien *Le Souvenir*; l'homme, il s'en souviendra longtemps, a dû payer une somme d'un million de dollars et a été condamné à transplanter en Abitibi, pendant tout un été, de jeunes épinettes et ce, dans des conditions épouvantables :chaleur humide intense, mouches à chevreuil, hébergement sous la tente, bien loin du confort hermétique et climatisé de nos maisons cyber-énergétiques autogérées. On le voyait marcher dans la boue, les mouches noires et les taons qui lui arrachaient littéralement des morceaux de peau, sans musique (son *IIpod 25*, c'est-à-dire l'implant *Ipod Implant 25* lui avait été confisqué) bref une sentence qui fait froid dans le dos, quand on se pense que l'été là-bas dure plus de 6 mois depuis que les effets de serre ont bousculé dramatiquement nos saisons boréales!

Mais revenons à nos moutons c'est-à-dire au *Centre virtuel de l'observation fiscale de Shawinigan* dont j'ai été le directeur

intérimaire avant d'en accepter la direction permanente lors de la *Grande Contraction de 2015*. **C'est comme ça qu'on a appelé la concentration en deux seuls endroits au Canada, de ce qui restait de toutes les activités fiscales canadiennes : Shawinigan et Winnipeg. Cette année-là, toutes les grandes tendances de décroissance des volumes de travail, observées depuis 1990 environ, ont culminé jusqu'au point de rupture : il n'y avait plus suffisamment de volumes critiques de travail dans les 8 centres fiscaux pouvant justifier qu'on les maintienne tous en service.** Alors, est arrivé au pouvoir un premier ministre bien décidé à relever le défi politique que plusieurs avant lui avaient refusé d'affronter : fermer tous les centres fiscaux canadiens saufs deux. Et y concentrer les dernières activités «humaines» soit les opérations hyper-complexes d'observation de la loi.

Dès son arrivée sur le marché du travail, votre génération a bénéficié de la technologie de pointe en matière de transmission de l'information et ce, dans tous les domaines d'activités, y compris, bien entendu, celui de l'impôt : tous les contribuables produisent désormais leurs déclarations via Internet et tous les contribuables utilisent Mon dossier pour effectuer toutes leurs transactions fiscales ultérieures à la cotisation initiale et consulte ce même site pour consulter, et modifier le cas échéant, tout renseignement personnel qui s'y trouve ou pour trouver une réponse à leurs questions de nature fiscale.

Au niveau de l'observation de la loi, le système génère ses propres vérifications selon des critères préétablis et produit et envoie les avis de nouvelle cotisation aux contribuables sans intervention humaine. Et compte tenu des innovations récentes en matière de surveillance informatique des opérations de commerce et d'industrie, les possibilités de fraude ont été réduites à presque rien.

À partir de 2010, - ironiquement, en 2006, cette année-là avait justement été visée comme cible d'un ensemble de démarches visant à contrer, sinon à amoindrir l'impact de la nouvelle technologie et on avait appelé cet effort Agence 2010, - tout s'accélère : on a eu beau créer centres d'appels sur centre d'appels, ici à Shawinigan comme ailleurs au Canada, et multiplier les démarches pour obtenir des regroupements d'activités en provenance de tous niveaux de gouvernements, on a eu beau faire preuve d'imagination et quelquefois d'audace, la technologie est constamment venue contrecarrer tous les plans de croissance ou de maintien de l'emploi.

Désormais, ceux des contribuables qui préfèrent une interaction quasi-humaine (un peu plus et je disais humaine!) communiquent avec CAFÉ, le cyber-agent fiscal électronique, un robot parlant capable de traiter, en simultané, un millier de communications verbales portant autant sur la Loi de l'impôt et ses domaines d'application que sur les renseignements personnels, et d'y répondre sur-le-champ dans n'importe quelle langue choisie par l'interlocuteur! Ce cyber-fonctionnaire, mis en service l'an passé à l'Agence du revenu à titre de projet pilote du Conseil du Trésor canadien, et malgré la complexité du travail à accomplir et de la communication à faire, ne se trompe qu'une fois sur un million! D'autres cyber-agents seront mis en service d'ici 2030 et devraient couvrir la majeure partie des champs d'activités de la fonction publique!

Ces cyber-fonctionnaires constituent à eux seuls des centres d'appel d'une érudition remarquable, d'une grande disponibilité, d'une grande précision et d'une grande efficacité; par exemple, il n'est plus question, à la grande joie et au non moins grand soulagement de tous les contribuables, de files d'attente téléphoniques, de débordement de lignes vers un autre centre de traitement, ni de messages automatisés : «faites le 1, faites le 2, faites le 3» qui horripilaient les usagers.

Bref, les centres fiscaux sont déjà devenus des sites quasi-archéologiques où la légende se mêle parfois à la réalité. Oui, il fut un temps, bien réel, où le Centre fiscal de Shawinigan-Sud, pendant plusieurs semaines, ne savait plus où entreposer ses déclarations des particuliers (T1) dont plusieurs immenses paniers se retrouvaient sur le mail, où il comptait plus de 2000 employés en période de pointe de production de ces déclarations de revenus fédérales. Oui, pendant quelques années, le Centre fiscal était devenue une sorte de petit village comptant dans ses murs, un restaurant (une cafétéria), un dépanneur-tabagie, une caisse populaire (un guichet automatique), un hôpital (une infirmerie); il n'y manquait, en fait, qu'une chapelle!

Cette période faste avait vu le jour en raison de circonstances particulières liées au redécoupage des activités fiscales pour tout le Canada. Ce réaménagement des volumes de travail, au début des années 1990, avait généré un boom artificiel d'emplois pour le Centre fiscal de Shawinigan-Sud qui fit illusion à l'époque; mais l'espace de quelques années seulement, la décroissance des volumes de travail, déjà observée avant le redécoupage, revint au galop et cette tendance à la baisse s'est maintenue jusqu'à aujourd'hui, date définitive de fermeture du Centre virtuel de l'observation fiscale de Shawinigan.

Puis est survenue une accélération des innovations technologiques qui ont effrité les emplois : le travail des employées Dacons, c'est-à-dire les préposées à l'entrée de données – on les appelait familièrement les «pitonneuses», ont vu la technologie des codes à barres bidimensionnels envahir leur champ d'action et les éliminer complètement en 2010 : 300 emplois définitivement disparus dont une vingtaine permanents. **Mon dossier** a fait les ravages que l'on sait sur toutes les activités fiscales postérieures à la cotisation initiale, etc.

Cinq ans après, en 2020, les centres d'appels encore existants ont été relocalisés à Ottawa-Gatineau, région où le niveau de bilinguisme permettait de retrouver une masse critique acceptable. On a appelé cela : la Recentralisation, en mémoire un peu ironique de la décentralisation des activités fiscales en 1977 d'Ottawa vers les régions du Canada. Centralisation des activités qui n'aura duré que le temps de voir naître, tel que je l'ai déjà raconté, le cyber-agent fiscal qui, lui, aura eu finalement raison de ce dernier bastion téléphonique.

Demain, 18 septembre 2025, votre grand-père Denis sera à la retraite; il aura presque vu naître le Centre des données fiscales en 1978 et, parce que la Loi sur le travail obligatoire jusqu'à 65 ans a été promulguée juste l'année avant celle où il s'apprêtait à quitter pour une retraite sans pénalité, il aura aussi assisté à la démolition du Centre virtuel de Shawinigan en 2025. Eh oui, la bâtisse aussi est devenue désuète et s'apprête à rendre l'âme! Ainsi va la vie...

Comme la population active de Shawinigan, à l'instar de celle de toutes les régions du Canada, a diminué, l'impact global de la perte de tous ces emplois ne s'est quand même pas trop fait sentir au fil des ans. Une sorte d'attrition naturelle aura finalement prévalu; tant mieux! Pour illustrer cela, il suffit de mentionner que le dernier processus de recrutement externe d'importance a eu lieu il y a dix ans!

Quant à moi, je n'ai pas trop de regrets car j'aurai eu une carrière plus longue que prévue mais intéressante à tous points de vue.

Votre mère dit qu'on devrait se voir à Noël, via nos webcams. J'ai bien hâte! Ça me fera un grand plaisir de répondre aux questions que ce petit retour sur mes 45 années de travail aura pu vous inspirer.

À très bientôt donc mes chers arrière-petits-enfants...

Denis Gélinas

**Dernier directeur
Centre virtuel de l'observation fiscale
de Shawinigan**

Chronique-santé
(Journal le Trait d'union de Septembre 2001)

Cancérobésité : les courriels vous rendent-ils malades?

Collaboration spéciale du **Doctor Luke Grainger** M.D.*

Lorsque le lundi matin, de retour d'un congé le moindrement prolongé, vous ouvrez votre PC et prenez connaissance des courriels reçus pendant votre absence, vous sentez naître une irritation croissante et incontrôlable? Peut-être souffrez-vous du syndrome du courriel «cancérobèse!»

Le syndrome du courriel cancérobèse est une maladie découverte tout récemment et diagnostiquée dans à peu près toutes les organisations du monde : personne n'est donc plus à l'abri! La maladie se caractérise par l'impatience, la contrariété, l'agacement causé par la surabondance et la prolifération des courriels et de leur contenu non pertinent. Il n'existe malheureusement pas encore de remède magique; seules de bonnes et saines méthodes de travail et une discipline de fer peuvent, selon les experts consultés, enrayer ce nouveau fléau.

Le syndrome du courriel «cancérobèse» est extrêmement contagieux! Un malade porteur du syndrome, bien installé à son PC, dépouille ses courriels, un à un, ici transférant à tous les destinataires une réponse attendue du seul envoyeur, là écrivant et envoyant des notes de service de trois pages auxquels il a pris soin de joindre une vingtaine de pièces dont quelques présentations PowerPoint. Il envoie ce message à tous les destinataires Outlook de son organisation au pays et demande une réponse dans les plus brefs délais! Quand il aura terminé, il aura contaminé des centaines de ses collègues; résultat : la grogne s'accroît, la progression de la maladie est géométrique et sans fin!

Certaines personnes sont tellement intoxiquées, qu'elles en sont venues à remplacer toutes leurs communications face à face par ce seul moyen du courrier électronique, d'où un appauvrissement marqué de saine rétroaction et une prolifération du virus du mécontentement. Quand de telles complications surviennent, il semble qu'aucune médication ne puisse jamais venir à bout de l'épidémie.

Que faire?

Voici une recette d'amaigrissement de vos boîtes de courriels et de celles des autres. Comme tous les régimes, celui-ci n'est pas infaillible et n'amènera pas la guérison complète; cependant, si ses règles sont suivies par un grand nombre d'utilisateurs, il devrait permettre une amélioration sensible de la situation générale.

1. **Le courrier électronique n'est pas une lettre.** Envoyez le plus souvent possible des messages courts. Comme ils ne seront pas décourageants pour vos destinataires à prime abord, vous augmenterez vos chances d'être lus et, le cas échéant, d'obtenir une réponse plus rapidement, Si le message que vous composez s'annonce plutôt long, téléphonez!

2. **Précisez l'objet de votre courrier.** Rien de plus simple pour un destinataire d'établir un ordre de priorité à des courriels dont l'objet est bien identifié. Lorsque vous réexpédiez un message, représcisez l'objet s'il n'est pas clair et ajoutez un message comme : «Pour votre information seulement» ou «Pour réponse immédiate».

3. **Répondez à l'émetteur seulement.** Avant de cliquer sur le bouton «répondre à tous», imaginez-vous debout sur votre bureau, installé en pleine aire ouverte, en train de faire l'annonce de votre message d'une voix forte à tous les employés de votre étage! La majorité de ces personnes ne sont pas concernées par votre réponse? Ne les dérangez donc pas!

4. **N'envoyez des copies conformes** à quelqu'un que si vous iriez dans son bureau pour lui faire part de votre message.

5. **Demandez-vous si une réunion ne serait pas plus appropriée.** Pour obtenir une rétroaction ou de la critique des gens, il vaut effectivement mieux les rencontrer; de plus, vous bénéficierez des indications que la communication non verbale apporte : ton de voix, expressions des visages, langage corporel.

6. **Rien ne congestionne une boîte de réception mieux qu'une bonne dose de pièces jointes**. Essayez donc d'éviter leur multiplication. Si possible, ne donnez que l'adresse internet où l'on pourrait retrouver l'information en question.

Le respect de ces quelques règles de conduite vous évitera, ainsi qu'à tellement d'autres personnes, de passer au stade supérieur de la «cancérobésité» : la **rage à l'écran**!

La prochaine fois que vous enverrez un courriel, pensez-y, ne rendez pas vos destinataires malades... Prévenir, c'est guérir!

Parole de * **MD : Méchant Docteur!**

 Des milliers de «likes» pour...

...mes collègues engagés dans le Comité santé, sécurité et hygiène au travail et dans l'organisme de premiers soins. Autant de «likes» pour les neuf (9) infirmières qui se sont succédé, dont Lise Lacoursière et Céline Cantin, et pour les deux (2) conseillers du Programme d'aide aux employés, Yvon Gervais et André M. Bergeron. Toutes et tous ont œuvré au Centre fiscal de Shawinigan.

Chronique linguistique
(Journal le Trait d'union de juin 1993)

Les sigles et les acronymes

Combien de fois vous a-t-on imposé la lecture d'un texte rendu incompréhensible par l'utilisateur d'un ou plusieurs sigles mystérieux? De tels textes sont souvent une source de frustration et d'exaspération même pour ceux à qui ils sont destinés.

Par exemple, un contribuable recevait l'autre jour les explications suivantes : «Vos prestations reçues d'un FERR ou d'un REER ont été rajustées. Vos contributions à un RPDB ont été refusées. La DPA réclamée a été diminuée pour tenir compte de la JVMJE rajustée. Pour plus d'information, contactez le BD ou le CF le plus près.» Il aurait été victime d'un ACV ce contribuable que c'eût été normal! Même la CIA, le FBI et Interpol réunis n'auraient pu déchiffrer un tel charabia!

Un sigle est comme un surnom donné à un ami : on ne l'utilise qu'entre intimes, qu'entre initiés. Il ne nous viendrait pas à l'esprit de présenter un ami par son surnom lors d'une réunion officielle; il en va de même avec les sigles : on doit d'abord présenter les mots en entier d'abord, ensuite le sigle peut être utilisé en lieu et place des mots complets.

«La taxe sur les produits et services (TPS pour les intimes) est incluse dans le prix. Cette TPS s'élève à 1,25$» Voilà qui est mieux, ne trouvez-vous pas?

De grâce, la prochaine fois que vous expliquerez une disposition de la LIR à un contribuable, SVP, servez-vous de votre QI et ne faites pas ce que je fais dans cette phrase; ce sera une BA de plus à ajouter à votre CV!

N.B. : Un sigle qui se lit comme un mot ordinaire s'appelle un acronyme : Interpol, cégep, cobol sont des acronymes.

Chronique linguistique
(Journal le Trait d'union de septembre 1993)

Les faux-amis

Cette chronique vous met en garde : de faux-amis circulent parmi nous. Des mots, des expressions qu'on utilise avec une confiance inébranlable dans leur «amitié», changent de sens tout à coup ou s'écrivent différemment : ils vous laissent tomber littéralement! Saurez-vous identifier ces traîtres, ces vire-capots dans le court texte qui suit?

«Originalement, ce problème existait, la situation n'étant guère mieux, à l'époque, pour le latin. Mais cela, c'était naguère. Entrons plus tôt de plein pied dans le vif de notre sujet. Pour palier à certaines lacunes observées en français, laissez-moi invoquer des souvenirs personnels, des brides de conversations entendues ici et là; elles constituent mon fond pour cet exercice, la conjecture de mon texte en quelque sorte. Je ne suis donc pas méritoire, le matériel dont je me sers provenant de mes confrères de travail. Quoiqu'il en soit, je leur en suis redevable; je leur offre ici des remerciements, acompte d'un arrangement pécunier sous forme de chèques antidatés qu'ils pourront échanger, au fur et à mesure, aux dates indiquées.

Quelque soit votre opinion, sachez que ce ne sont pas là des propos vénéneux; je n'ai fait que tenter d'influencer favorablement la qualité de votre français.

Félicitation à ceux qui feront de cet article une découpure à conserver.»

Combien y a-t-il de faux-amis? Si vous les avez tous démasqués, vous êtes un as physionomiste de la langue française et la terreur des «mots-à-deux-faces! Vous méritez tout notre respect. Si vous en avez identifiés moins de la moitié, vous ne vous méfiez pas assez, vous êtes vulnérable.

Choisissez mieux vos amis et utilisez les services d'un ami sûr celui-là :

... Le dictionnaire!

Solution - Les faux amis

Chronique linguistique de la page précédente

Originalement	pour	Originellement
Mieux	pour	Meilleure
Naguère	pour	Jadis
Plus tôt	pour	Plutôt
Plein pied	pour	Plain pied
Palier à	pour	Pallier
Invoquer	pour	Évoquer
Brides	pour	Bribes
Fond	pour	Fonds
Conjecture	pour	Conjoncture
Méritoire	pour	Méritant
Matériel	pour	Matériau
Confrères	pour	Collègues
Quoiqu'il	pour	Quoi qu'il
Acompte	pour	À compte
Pécunier	pour	Pécuniaire
Antidatés	pour	Postdatés
Échanger	pour	Changer
Quelque	pour	Quelle que
Vénéneux	pour	Venimeux
Influencer	pour	Influer sur
Félicitation	pour	Félicitations
Découpure	pour	Coupure

Chronique linguistique
(Journal le Trait d'union de mars 1995)

« Quel beau du, dû, dus, due, dues, dut, dût! »
– Le Capitaine Bonhomme (Michel Noël)

Choisissez la réponse appropriée :

du, dû, dus, due, dues, dut ou dût

1. L'intérêt qui m'est _____ s'élève à 580$;
2. Bien vouloir me le payer en bonne et _____ forme.
3. Qu'il _____ la quitter, la chose ne la surprit point.
4. Elles auraient _____ manifester leur opposition plus tôt.
5. Ces accidents sont _____ à des défectuosités mécaniques.
6. J'ai _____ démissionner pour des raisons de santé.
7. Il _____ se résoudre à cesser de fumer.
8. Voici _____ porto _____ Portugal.
9. Ils ne font que réclamer leur _____.
10. Ces maladies sont _____ à des excès de table.

Réponses :

1. Dû	2. Due	3. Dût	4. Dû	5. Dus
6. Dû	7. Dut	8. Du, du	9. Dû	10. Dues

Chronique linguistique
(Journal le Trait d'union de septembre 1996)

Juste le mot... juste!

Il faut remplacer les mots en italiques de chacune des phrases suivantes par le ou les mots appropriés.

1. Mettre une liste *à date*.
2. Les heures d'*affaires*.
3. L'*agenda* de la réunion.
4. La *balance* d'un compte.
5. Les *minutes* de la rencontre.
6. Le *bureau chef* de la société.
7. *Canceller* un rendez-vous.
8. *Charger* 75$ pour des travaux.
9. *Dépendant* des circonstances.
10. Une lettre *enregistrée*.
11. Les *items* à l'ordre du jour.
12. Donner sa *notice* à l'employeur.
13. *Sauver* de l'argent.
14. Selon la liste de *séniorité*.
15. La feuille de *temps* des employés.

Corrigé :

1. À jour	2. Ouverture	3. Ordre du jour
4. Solde	5. Compte-rendu	6. Siège social
7. Annuler	8. Demander/Exiger	9. Selon
10. Recommandée	11. Points	12. Démission
13. Économiser	14. Ancienneté	15. Présences

Félicitations pour votre beau programme!
Résultats du programme de cotisation de l'An 2000

(Article paru dans le journal le Trait d'union d'avril 2001
dont le contenu était exclusivement consacré aux employés temporaires
des programme saisonniers du Centre fiscal de Shawinigan-Sud)

Le Centre fiscal de Shawinigan-Sud est une organisation reconnue pour la compétence et le dynamisme de son personnel. À chaque année, par exemple, les objectifs de traitement des déclarations des particuliers (T1), exigeants et mobilisateurs, sont atteints et même dépassés grâce au travail colossal effectué par les employés et une coordination serrée continuelle de tous les circuits de travail (familièrement : le pipeline).

Ces résultats, qu'on qualifie de si bons, peut-on les connaître? Voila une des questions posées l'an dernier par le personnel du pipeline lors du sondage annuel de fin de programme.

Eh, bien oui! Les voici ces résultats!

Le Centre fiscal de Shawinigan-Sud dessert 4,2 millions de clients qui sont des particuliers, la plupart, soit 3,2 millions, produisent leurs déclarations d'impôt sur format papier, les autres utilisent la transmission électronique des déclarations (TED), Impôtel ou Impôtnet.

Le Courrier a, quant à lui, ouvert 3,2 millions d'enveloppes T1 (dont 1,1 million durant la seule période du 27 avril au 15 mai 2000!). Les autres circuits de travail (les déclarations des corporations T2, les versements d'argent et la correspondance) se partagent les autres 1,5 million d'items reçus au Courrier. Un grand total de 4,7 millions d'enveloppes!

En l'an 2000, le secteur de la Caisse a enregistré et déposé au compte du receveur général du Canada tout près de 2,5 milliards de dollars au titre de la taxe sur les produits et services (TPS) et des paiements liés à l'application de la Loi de l'impôt sur le revenu du Canada; les transactions de plus du tiers de cette somme, soit 846 millions de dollars, ont été effectuées entre le 27 avril et le 17 mai 2000.

Durant le programme 2000, la TED locale a vérifié 1700 agents transmetteurs de déclarations d'impôt. Ces derniers ont effectués 30 000 transmissions téléphoniques englobant près de 700 000 déclarations de revenus.

Avant l'envoi des avis de cotisation, une équipe de 25 employés a examiné plus de 26 000 déclarations de revenus répondant à certains critères de sélection.

Lors de trois sondages réalisés en l'an 2000, nos clients du Québec et du Nord de l'Ontario, ont exprimé leur grande satisfaction sur le travail des quelque 2 000 employés du Centre fiscal de Shawinigan-Sud; autant à l'égard de la qualité générale des services rendus que de la qualité des communications effectuées; ils ont donné, selon le circuit de travail considéré, une note approchant ou dépassant 4 sur 5!

Ce sont là des résultats démontrant la compétence et le professionnalisme du personnel de tous les secteurs de travail du Centre fiscal de Shawinigan-Sud et dont nous avons raison d'être fiers!

Texte rédigé à partir des statistiques et des résultats fournis par les gestionnaires des secteurs du Centre fiscal de Shawinigan-Sud.

Note : Bon nombre des employés temporaires, connus pour leur vitesse d'exécution et leur précision, ont été invités à «rester après la classe» pour participer au programme du recensement canadien de 2001. Ces recensements nationaux, qui ont lieu à tous les cinq ans, se faisaient alors sous forme papier : leurs données étaient entrées manuellement à l'ordinateur par le personnel des centres fiscaux.

Stats-Can
(Journal le Trait d'union de mars 1997)
L'apport économique dans la région

À quelques reprises, il a été question dans ce journal, le Trait d'union, de l'apport économique du Centre fiscal de Shawinigan-Sud dans la grande région mauricienne. Les enquêteurs de Stats-Canne tiennent cette fois-ci à en faire une démonstration incontestable.

Les chiffres présentés le sont pour l'année financière 1995-1996; ces chiffres sont, à quelques pourcentage près, semblables plusieurs des années précédentes et suivantes.

Revenu Canada

Masse salariale	31 615 526$
Budget de fonctionnement	1 782 283$
Total	33 397 809$
Travaux publics Canada	
Masse salariale	340 000$
Taxes municipales	431 000$
Taxes scolaires	72 000$
Achats locaux	602 000$
Contrats de services	245 000$
Électricité, gaz naturel, etc.	462 000$
Total	2 152 000$
Grand total (Année 1995-1996)	3 554 809$
	==========

Stats-Can
(Journal le Trait d'union de juin 1993)
Sur les ailes d'«R-Canada»

Nous vous convions à un voyage sur les ailes d'R-Canada. Vous verrez, on en fait du chemin en un an!

La première partie du trajet se fait en mail-mobile :	1020 km[1]

Transformons-nous maintenant en fildeféristes :

Filage informatique	76 km[2]
Filage téléphonique	55 km[2]

Terminons notre périple sur un trottoir de papier :

Papier essuie-mains	675 km[3]
Papier à photocopie	503 km[3]
Papier à imprimante	780 km[3]
Napperons de papier	800 km[3]
Papier hygiénique	1920 km[4]
Distance totale parcourue :	5829 km

[1] Distance parcourue en un an par les deux mail-mobiles

[2] Filage installé dans les planchers et les murs du Centre fiscal

[3] Utilisation annuelle

[4] Papier double épaisseur pour plus de solidité, sans affecter la douceur...

•••

Partis de Moncton au Nouveau-Brunswick, nous voici arrivés à Vancouver en Colombie-Britannique; nous avons dépensé 1 700 000 feuilles de papier à photocopie, 3 845 750 feuilles à imprimante et 2 340 000 napperons de papier. Impressionnant, n'est-ce pas?

Stats-Can

(Journal le Trait d'union de septembre 1994)
Coucou les coûts!

Voici, en coup de vent, une chronique sur les coûts, histoire d'être dans le coup, mais sans coup d'éclat ni coup de théâtre, sans coup de poing ni coup de pied, sans coup bas ni mauvais coup! Nous casserons-nous le cou? Aurons-nous manqué notre coup? Un coup de dé? Un coup d'épée dans l'eau? Nous ne le saurons qu'après coup!

Tout d'un coup, ce coup de sonnette deviendrait un coup de barre tout à coup? Et qu'après avoir fait les quatre cents coups, nous n'en ferions plus que deux cents ou trois cents? Cela aura eu valu le coût de tenter le coup! Vous ne pensez-pas?

Mais si vous le voulez bien, venons-en aux coups, pardon, aux coûts! Les coûts en fournitures/papeterie assumés par le Centre fiscal pour l'année **1993-1994** s'élèvent à plus de 200 000$! Penchez un peu le cou : voici le tableau détaillé de ces coûts.

Agrafes pour brocheuses	5 000$
Calculatrices	16 200$
Chemises 14x9 po	900$
Ciseaux	980$
Dégrafeuses	2 400$
Disquettes informatiques	1 200$
Doigts de caoutchouc	600$
Élastiques	600$
Enveloppes	6 000$
Étiquettes	8 000$
Gommes à effacer	250$
Papier à photocopieur	22 000$
Règles en acier	550$
Rubans adhésifs	10 200$
Rubans d'imprimantes	13 000$
Stylos et recharges de stylos	4 180$
Tampons encreurs	800$
Marqueurs	1 600$
Correcteurs liquides	3 200$

Stats-Can

(Journal le Trait d'union de décembre 1992)

Je suis gros!

Je connais des gens qui voient grand; moi, je fais dans le gros... en fait, je l'avoue candidement, je suis gros!

Mais peut-être sont-ce les 1 820 douzaines d'œufs arrosées des 150 000 tasses de café sucré à même 156 000 sachets, les milliers de kilos de viande hachée et les 50 000 kilos de pommes de terre (trop souvent frites), les 7 400 litres de lait et toutes ces pâtisseries fabriquées avec les 2 080 kilos de farine que j'ingurgite, bon an, mal an, qui y sont pour quelque chose dans mon début d'embonpoint?

Vous le devinez, j'ai bon appétit! De plus, je digère bien : les 21 600 rouleaux de papier hygiénique sacrifiés annuellement en font foi!

Comment expliquer l'utilisation annuelle des 2 340 000 napperons de papier, de 624 litres de savon à mains, des 620 litres de lave-vitres, des 12 000 rouleaux de papier essuie-mains, sinon que par un goût excessif pour la propreté?

Des problèmes d'argent? Non, avec un salaire annuel de l'ordre de 32 millions de dollars, je boucle mon budget beaucoup plus facilement que ma ceinture!

Qui suis-je? Vous me connaissez bien pourtant puisque vous me fréquentez assidûment : je suis, je suis... je suis votre Centre fiscal!

L'autre jour, je regardais la télé : une publicité vantait les vertus de la modération. Je vais y penser l'année prochaine...

Stats-Can

(Journal le Trait d'union de septembre 1993)

L'annuaire téléphonique

En mai 1993 a paru une version révisée de l'annuaire téléphonique du Centre fiscal de Shawinigan-Sud. Bien sûr, son épaisseur n'a rien de comparable à celle de l'annuaire du Montréal métropolitain. Le nombre d'inscrits dans le premier document est risible tout à côté du million et plus d'abonnés montréalais. Qui plus est, le prestige de voir son nom figurer dans l'annuaire local n'est pas le même non plus. Voici deux exemples.

Zyzus, Zeke pouvait prétendre, à bon droit d'ailleurs, à l'honneur insigne et perpétuel, ou du moins tant qu'il vivrait, d'être le dernier inscrit du bottin de Montréal. Il vivait heureux, ainsi. Un jour, la compagnie ZZZZ Better Fashions Inc. s'y amena fort de ses quatre Z et supplanta le pauvre Zyzus, Zeke. Qu'à cela ne tienne, ce dernier, en abonné gonflable qu'on le forçait à devenir, aligna six Z à celui que son père lui avait légué, les présenta à Bell et, ainsi, vous pouvez le vérifier par vous-mêmes, reprit sa place légitime dans le prestigieux livre.

À l'inverse, A. Abel Transport, fort de ses deux A consécutifs et du B subséquent, dormait sur ses lauriers du tout premier inscrit dans le bottin montréalais. La gloire, rien de moins! Comment A. Abel aurait-il pu imaginer que Caïn, sous le fallacieux pseudonyme de «A» lui aurait ravi sa place? Après Mme X, M. A! Vous ne me croyez pas? Vérifiez!

Ces chicanes d'alphabet sont inexistantes dans notre modeste bottin local. Robert Alarie ne s'est jamais offusqué de lire le nom de Johanne Alain au-dessus du sien, et il n'a jamais pensé utiliser des A supplémentaires à son nom de famille. Il est aussi fort improbable qu'une Mariette Zwelsh se glisse artificiellement au dernier rang des inscrits, après Louise Yergeau.

Non, vraiment, l'annuaire local ne supporte pas la comparaison sur aucun des points susnommés. Sauf peut-être à un égard : l'annuaire du Centre fiscal, malgré sa maigreur, est publié en deux tomes, lui!!!

Stats-Can
(Journal le Trait d'union de décembre 1993)
Le who's who du Centre fiscal

L'annuaire téléphonique du Centre fiscal de mai 1993 dont il a été dit qu'il ne souffrait pas la comparaison avec celui de Montréal, ne comporte que quelques centaines de noms. C'est peu! On y retrouve du monde ordinaire, on s'en doute bien, mais des célébrités? N'en cherchez pas, il n'y en a pas. Il nous faut nous rabattre sur autre chose : des homonymes. Ah! ça nous en avons! Eh! oui, des gens d'ici portent des noms d'artistes, de sportifs, de politiciens, etc.

Vous êtes sceptiques? En voici une liste.

Claude Vincent, ex-chanteur
Claude Gauthier, compositeur-chansonnier
Normand Lévesque, comédien
Jean Doré, maire de Montréal
René Gagnon, comédien
Luc Granger, psychologue et écrivain
Serge Grenier, ex-membre du groupe comique les Cyniques
Gilles Tremblay, commentateur sportif (ex-joueur de hockey)
John A. MacDonald, père fondateur du Canada et Premier ministre canadien

La coïncidence peut paraître énorme, mais en est-il vraiment ainsi? Cherchons dans l'annuaire de Montréal la réponse à cette question.

Claude Vincent : 10 entrées
Claude Gauthier : 32 entrées
Normand Lévesque : 4 entrées
Jean Doré : 7 entrées
René Gagnon : 22 entrées
Luc Granger : 3 entrées
Serge Grenier : 6 entrées
Gilles Tremblay : 33 entrées

Baissons la tête avec humilité et, une fois pour toutes, résignons-nous : notre annuaire est un nain, celui de Montréal, un géant, un monstre! Éloignons-nous discrètement sur la pointe des... doigts! Mais consolons-nous : dans notre annuaire, il n'y a que de bien bonnes gens!

Stats-Can

(Journal le Trait d'union de juin 1997)

D'où venez-vous?

Durant le programme d'impôt, plus d'un millier et demi d'employés convergent chaque matin vers le Centre fiscal. D'où viennent-ils? La plupart de la grande région mauricienne mais quelques-uns, d'un peu plus loin, comme le démontre le tableau ci-dessous. (Les municipalités qui abritent le même nombre d'employés sont énumérées côte à côte.)

Shawinigan-Sud	397
Shawinigan	229
Grand-Mère	160
Notre-Dame-du-Mont-Carmel	156
Cap-de-la-Madeleine, St-Louis-de-France	94
St-Georges-de-Champlain	90
Lac-à-la-Tortue	74
St-Boniface, St-Louis-de-France	55
St-Gérard-des-Laurentides, Trois-Rivières	42
Trois-Rivières-Ouest	36
St-Tite	27
St-Mathieu-du-Parc	18
St-Élie-de-Caxton, St-Étienne-des-Grès	16
Ste-Marthe-du-Cap	13
St-Narcisse	12
St-Maurice	11
Charrette, St-Jean-des-Piles, Hérouxville	10
Baie-de-Shawinigan, St-Barnabé-Nord, Ste-Thècle	7
St-Sévérin-de-Proulxville	6
Grandes-Piles, St-Paulin	4
St-Léon-le-Grand, Louiseville	3
Pointe-du-Lac, St-Adelphe, St-Alexis-des-Monts, St-Joseph-de-Mékinac, St-Rock-de-Mékinac, St-Stanislas, Ste-Geneviève-de-Batiscan	2
Champlain, Donnacona, Hervey-Jonction, L'Assomption, St-Jean-Baptiste-de-Nicolet, St-Luc-de-Vincenne, St-Mathias-sur-Richelieu, St-Thomas-de-Caxton, Ste-Angèle-de-Laval, Ste-Foy, Ste-Ursule	1

DANS LE TIROIR DU BAS DE MON BUREAU

Deux tours et puis s'en vont...
(mai 2017)

C'était l'avant-midi d'un magnifique mardi ensoleillé d'automne, tous les gestionnaires du Centre fiscal de Shawinigan venaient se réunir dans la grande salle de l'hôtel Gouverneur pour une rencontre de gestion dite «élargie».

Les gens arrivaient seuls, en duos ou par petits groupes, se servaient un café ou un jus, se saluaient, se serraient la main, jasaient, placotaient; on les entendait s'exclamer, raconter des anecdotes, faire des blagues, rire. Bref, l'humeur était au plaisir et à la joie.

Mais il y avait quelqu'un parmi ces gestionnaires qui ne s'amusait pas, car trop affairé et trop nerveux : l'organisateur de la rencontre... Moi!

Il lui fallait à cet organisateur s'assurer que tout était prêt pour le bon déroulement de la rencontre et que tout fonctionnerait comme sur des roulettes. Il lui fallait, en même temps, accueillir les invités et les conférenciers. Il lui importait aussi de dire bonjour aux collègues qui entraient dans la salle et surtout de leur indiquer la place qui leur était attitrée quelque part autour de l'une des douze grandes tables rondes de dix personnes qui y étaient installées.

On pouvait donc le voir cet organisateur s'affairer frénétiquement, comme si sa carrière et sa réputation dépendaient de ce seul moment et de la réussite de cette rencontre. Il allait donc d'un endroit à un autre comme une queue de veau qui chasse des mouches ou comme une abeille zélée qui butine désespérément ses dernières conquêtes florales vers la fin de l'après-midi, avant que le soleil se couche, pour s'assurer de rapporter plus que son quota de pollen à sa reine. Lui aussi voulait bien paraître auprès de sa reine, c'est-à-dire auprès de sa directrice, qui lui avait octroyé ce mandat de concocter une rencontre d'une durée exceptionnelle de deux jours et demi.

Un meeting d'une telle ampleur ne se prépare pas facilement : une fois les orientations générales et les thèmes identifiés et approuvés par la direction, il fallait identifier les ressources humaines et matérielles les plus susceptibles de les rendre intéressants pour les quelque deux cents gestionnaires de tous les niveaux qui se trouveraient dans la salle. Un sujet pouvant être aride par nature, l'organisateur en devait chercher l'angle qui le rendrait digeste aux yeux et aux oreilles des participants : ce pouvait être le format de présentation ou le style du conférencier qui arriverait à le mettre en valeur, une activité de groupe qui le rendrait plus concret, plus animé et plus vivant. Bref, c'était le travail de l'organisateur de faire en sorte que cette rencontre de deux journées et demie ne soit pas endormante, ni ennuyante, ni assommante.

Ce défi, l'organisateur croyait bien l'avoir relevé avec brio ce mardi matin lorsqu'il s'est finalement assis à la place qu'il s'était réservée, à la table d'honneur SVP, rien de moins! On n'est jamais mieux servi que par soi-même...

Quelqu'un se serait tourné vers l'organisateur, l'aurait regardé, observé, scruté, examiné durant les quelques minutes qui s'étaient écoulées depuis le début de la rencontre, il l'aurait vu soulagé, souriant, heureux : tout annonçait que tout fonctionnerait à merveille!

Oui! Luc Granger, chef d'équipe au Centre fiscal de Shawinigan, chargé de ce projet, était particulièrement fier de la préparation et de l'organisation de cette rencontre dont les premiers balbutiements et les premiers pas laissaient entrevoir le succès. Luc flottait littéralement sur un nuage de contentement de soi...

Ce qui se passa peu après a marqué les imaginations, le temps et l'histoire : sortie discrètement après son speech d'ouverture de la rencontre de gestion, le cellulaire à l'oreille, on a vu madame la directrice rentrer peu après dans la salle, réclamer le silence et l'attention de toute l'assemblée et on l'a entendue prononcer, gravement, cette phrase : «*Les États-Unis sont attaqués. Une des deux tours jumelles du World Trade Center de New-York vient d'être percutée par un avion!*»

Ébahis, sonnés, estomaqués par l'annonce qui venait de nous être faite d'un événement qui nous paraissait d'une totale improbabilité, nous nous sommes regroupés autour d'une télévision fournie en hâte par l'hôtel en ce bel avant-midi du **11 septembre 2001**!

La télé qu'on avait apportée dans la salle montrait, en boucle, tout d'abord un soleil brillant au-dessus des New-Yorkais, hommes et femmes d'affaires vaquant à leurs affaires, touristes ou simples badauds. Puis une tour frappée – on croyait tout d'abord à un accident – par cet avion de ligne dont le pilote avait peut-être, tout simplement, perdu le contrôle. Lorsqu'on montrera, quelques instants plus tard, en direct, l'horreur d'un deuxième impact d'avion sur l'autre grande tour du World Trade Center, les doutes et les espoirs s'évanouiront : c'était bel et bien un attentat terroriste! Nos regards demeuraient rivés sur les images d'horreur et nos pensées allaient aux milliers de victimes de ces deux attaques. D'autres suivraient-elles? Qui en étaient les responsables? Quelles conséquences et quelles ripostes américaines suivraient? Il nous semblait que le monde tel qu'on l'avait connu n'existerait plus après ces atrocités...

La Grosse Pomme voyait, ce matin-là un symbole de sa richesse, de sa puissance et de sa diversité frappé, mutilé, incendié, détruit puis, plusieurs minutes plus tard, à l'étonnement général, jeté par terre comme on souffle un vulgaire et fragile château de cartes!

...

Comme ils étaient arrivés, un par un, en duo ou par petits groupes, les gestionnaires invités à ce qui devait être une rencontre plaisante, quittaient, avant qu'il soit midi, l'hôtel Gouverneur de Shawinigan pour s'en retourner au bureau, inquiets, tristes et abattus, sachant que leurs journées du 11 septembre 2001, celles de leurs employés, celles des membres de leur famille, de même que celles des Étatsuniens et des Canadiens – de tous les terriens quoi! –, ne seraient pas aussi sereines qu'elles eussent pu être en ce magnifique mardi ensoleillé…

•••

Ce matin-là, une troisième tour s'est également effondrée : la tour d'ivoire d'un château en Espagne construit sur un nuage dans laquelle s'était réfugié, béatement, ingénument, trop confiant, l'organisateur d'une rencontre de gestion élargie du Centre fiscal de Shawinigan, qu'il croyait solide comme le béton, donc à toute épreuve et devant, normalement, se dérouler sans histoire…

FIN

Information : toute personne désireuse d'en savoir un peu plus sur l'histoire de cette institution qu'a été le Centre fiscal de Shawinigan (-Sud) et sur les gens qui l'ont bâtie, servie et qui l'ont fait progresser peuvent se renseigner aux sources suivantes :

👍 Les journaux internes *L'Expression* et *Le Trait d'union*

👍 Les agendas : l'*Agenda 1999 – 20 ans d'histoire et plus!*
   l'*Agenda 2000 – La force du millénaire*

👍 Le journal régional *Connexion*

👍 Le journal national de l'Agence du revenu, *Interaction*.